Mosaik
bei GOLDMANN

Buch

Der Schlüssel zu einer dauerhaften und gefühlvollen Beziehung liegt darin, den Unterschieden von Mann und Frau Rechnung zu tragen. Denn, so John Gray, die Geschlechter sind so unterschiedlich, als ob sie von verschiedenen Planeten kämen: Männer vom Mars und Frauen von der Venus. Viele anschauliche Fallbeispiele zeigen die positiven Erfahrungen mit dem Mars-Venus-Prinzip. Und sie vermitteln eine Fülle von Anregungen, um Probleme in der Partnerschaft und Ehe auf liebevolle und kreative Weise zu lösen.

Autor

Dr. John Gray ist ein weit über die USA hinaus bekannter Paar- und Familientherapeut, der außerdem auch als Autor einen hervorragenden Ruf genießt. Seine langjährige praxiserprobte Theorie ist, daß Akzeptanz und Toleranz der Verschiedenheit der Geschlechter die Grundvoraussetzung für eine dauerhafte Partnerschaft sind. Der Erfolg seiner Arbeit untermauert diese Anschauung.

John Gray lebt mit seiner Familie in Mill Valley, Kalifornien.

Im Goldmann Verlag sind außerdem erschienen:

Männer sind anders. Frauen auch. (16107)
Mars, Venus und Partnerschaft (16134)
Mars, Venus und Eros (13936)
auseinander geliebt (14114)
Mars sucht Venus. Venus sucht Mars. (30764)

JOHN GRAY

Mars liebt Venus. Venus liebt Mars.

Wege zur erfüllten Partnerschaft –
Erfahrungen aus der Praxis

Aus dem Amerikanischen
von Clemens Wilhelm

Mosaik
bei GOLDMANN

Umwelthinweis:
Alle bedruckten Materialien dieses Taschenbuches
sind chlorfrei und umweltschonend.

Deutsche Erstausgabe November 1998

Originalverlag: HarperCollins Publishers, Inc. N. Y.
Originaltitel: Mars And Venus In Love
Umschlaggestaltung: Design Team München
unter Verwendung folgender Fotos:
Umschlag: Mauritius/AGE
Umschlaginnenseiten: IFA-Bilderteam/tpl
Redaktion: Ralf Lay
Satz: Uhl + Massopust, Aalen
Druck: Elsnerdruck, Berlin
Verlagsnummer: 16167
KF · Herstellung: Max Widmaier
Made in Germany
ISBN 3-442-16167-3

1 3 5 7 9 10 8 6 4 2

Dieses Buch widme ich in tiefster Liebe und Zuneigung meiner Frau Bonnie Gray. Ihre Liebe, Verletzlichkeit, Weisheit und Kraft haben es mir ermöglicht, mich immer wieder neu in sie zu verlieben.

Inhalt

Mayersche Buchhandlung
Ursulinerstr.17-19, 52062 Aachen
Q U I T T U N G

02.03.99/0582 18:59 02

Artikel	Mg.	Preis	MwSt.	Summe
Gray, Mars liebt Venus, Venus				
WGR 1160 3-442-16167-3				
	1	14,90	7,00%	14,90
TOTAL			0,97	14,90
GEGEBEN Bar				14,90

**** Vielen Dank für Ihren Einkauf ****
Umtausch nur gegen Vorlage des Kassenbon

Danksagung

Ich danke meiner Frau Bonnie Gray dafür, daß sie mich auf dem Entstehungsweg dieses Buches begleitete. Ich danke ihr für ihre Geduld und Unterstützung, vor allem aber für ihre Entschlossenheit, mit der sie sicherstellt, daß unsere Beziehung über all den Anforderungen des Schreibens und der Seminare nicht in Vergessenheit gerät.

Ich danke unseren drei Töchtern Shannon, Julie und Lauren für ihre unerschütterliche Liebe und Ermunterung. Es ist schön, die Unterstützung der Familie für seine Arbeit zu haben. Danke, Lauren, für deine Hilfe beim Schreiben des ersten Kapitels und die besonders aufmunternden Nachrichten, die du in meinen Computer tipptest.

Ich danke meiner Agentin Patti Breitman, von der der Vorschlag zu diesem Buch stammt, für ihre unverbrüchliche Freundschaft und Unterstützung. Ebenso danke ich meiner internationalen Agentin Linda Michaels, die dafür sorgte, daß meine Bücher weltweit in siebenunddreißig Sprachen erscheinen konnten.

Mein Dank gilt weiterhin Suzanne Lipsett, die viele der Menschen persönlich interviewte, die sich schriftlich an mich gewandt hatten. Ihre redaktionelle Mitarbeit trug ganz wesentlich zum Gelingen dieses Buchs bei und nahm mir sehr viel Arbeit ab. Ich danke Diane Reverand für ihre sachkundigen Hinweise und redaktionellen Tips. Jack McKeown danke ich für seinen unermüdlichen Einsatz für mein Buch und sein geniales Marketing. Ich danke den Mitarbeitern von HarperCollins für ihr stets bereitwilliges Entgegenkommen. Ich könnte mir keinen besseren Verlag wünschen.

Michael Najarian danke ich für die Organisation stets ausgebuchter Seminare im ganzen Land. Meiner Assistentin Susie Harris danke ich für ihre engagierte Unterstützung bei der Organisation meines Büros und meines Terminkalenders. Weiterhin gilt mein Dank Reggie Henkart, durch deren Einsatz John-Gray-Seminare in der ganzen Welt immer mehr Anklang finden. Ich danke all den Organisationen und Promotern in verschiedenen Städten, die mich zu Vorträgen eingeladen haben. Bart und Merril Berens danke ich dafür, daß sie das neue Projekt »Mars and Venus Facilitated« in Angriff nahmen. Rami El Batrawi von Genesis Media und Positive Response TV danke ich dafür, daß unsere Fernsehwerbung ein so großer Erfolg wurde.

Ich danke den Tausenden von Menschen, die sich die Zeit nahmen und mir über die positiven Veränderungen in ihrem Leben berichteten, die aufgrund der Einsicht eintraten, daß Männer vom Mars und Frauen von der Venus stammen. Ohne ihre Geschichten und ihre Teilnahme an dem Projekt hätte dieses Buch nicht geschrieben werden können.

Einleitung

Als Autor des Buchs »Männer sind anders. Frauen auch.« freue ich mich darüber, immer wieder Erfolgsgeschichten meiner Leser zu hören – von Einzelpersonen und von Paaren. Es vergeht fast kein Tag, an dem mich nicht jemand erkennt und mir mit strahlendem Gesicht dafür dankt, daß ich »dieses Buch« geschrieben habe. Jahrelang war ich jedesmal hierüber erstaunt. Ich wußte, daß meine Seminare Erfahrungen vermittelten, die grundlegende Veränderungen bewirkten und Tausende von Ehen retteten; aber ich konnte mir nicht vorstellen, daß allein die Lektüre eines Buchs einen ähnlichen Effekt haben würde.

Bei meinen Vorträgen vor Tausenden von Zuhörern kann ich es oft erleben, daß ein Gedanke oder eine kleine Geschichte ihren Weg ins Publikum finden und da und dort Gesichter aufleuchten, als hätte man elektrisches Licht angeknipst. Ich erzähle etwas, und fast immer geschieht bei den Menschen im Saal plötzlich eine deutliche Veränderung: Es geht eine Welle des Erkennens und großer Erleichterung durch die Menge, der sich manchmal ein spontanes Lachen anschließt. Meines Erachtens bringt diese Reaktion folgende Gedanken meiner Zuhörer zum Ausdruck:

- ▷ Er weiß ja ganz genau, wie es mir erging. Andere müssen etwas Ähnliches gefühlt haben. Und ich habe die ganze Zeit gedacht, ich wäre der einzige Mensch in der Welt, der mit der Liebe Probleme hat!
- ▷ Er spricht über die Probleme dieses Paares, als ob dies ganz *normal* wäre, überhaupt nicht ungewöhnlich. Bedeutet das vielleicht, daß auch unsere Ehe völlig *normal* ist?

- ▷ Ich glaubte immer, daß Liebe genug wäre, aber offenbar hätten wir noch ein paar Dinge mehr wissen müssen.
- ▷ Ah, deshalb ist das passiert. Jetzt verstehe ich es. Und ich kann daran etwas ändern. Es ist gar nicht hoffnungslos!

Diese Aha-Erlebnisse sind keine Ereignisse am Rande. Sie treten spontan auf, aber sie bewirken etwas Bleibendes. Beziehungsprobleme sind Erfahrungen, die Menschen isolieren können wie wenig anderes sonst. Sie sind schwierig zu definieren, und es fällt schwer, über sie zu sprechen, vor allem in einer Weise, die beim Partner Mitgefühl und Verständnis wecken könnte. Wenn es nicht mehr »läuft« und man nicht weiß, wie man dies in Worte kleiden oder was man davon halten soll, dann ist man verunsichert.

Bei meinen Seminaren bitte ich einzelne Teilnehmer und Paare immer wieder, aufzustehen und über entsprechende Erlebnisse zu berichten. Es ist sicher sehr hilfreich, was ich über die Unterschiede zwischen Männern und Frauen zu sagen habe, aber diese Hinweise werden erst durch solche Berichte in einer dramatischen und unvergeßlichen Weise lebendig.

Wenn Teilnehmer aus ihrem persönlichen Leben erzählen, wie sie mit Hilfe solcher Erkenntnisse ihre Beziehung verbessert haben, dann fällt es anderen plötzlich wie Schuppen von den Augen. Die Geschichte eines Mitmenschen, in der man sich selbst wiedererkennt, läßt Gesichter vor Freude und Erleichterung aufleuchten.

»Mars liebt Venus. Venus liebt Mars.« ist ein Buch mit Beispielen funktionierender persönlicher Beziehungen, eine Sammlung von Geschichten, die das Leben erzählt. Vielleicht erkennen Sie sich nicht in jeder von ihnen, aber zumindest in einigen von ihnen werden Sie etwas Wahres über sich selbst entdecken, etwas über Ihre eigene Liebesgeschichte, das Ihnen vielleicht die ganze Zeit nicht klar war. In allen Beispielen begegnet Ihnen etwas von der Klarheit und Liebe, die das Zusammenleben anderer Paare glücklicher gemacht hat.

Diese Berichte stammen direkt von Einzelpersonen und Paaren, die an meinen Seminaren teilgenommen oder mir geschrieben haben. Alljährlich bekomme ich Tausende spontan abgefaßter Briefe mit Liebesgeschichten. Die Schreiber dieser Briefe sind Ehemänner und Ehefrauen, Liebende und Liebesuchende; ihre Beziehungen drohten zu scheitern, aber etwas in meiner Arbeit hat ihnen darüber hinweggeholfen.

Einige der Leserinnen und Zuhörerinnen, der Leser und Zuhörer liebten ihren Partner aus ganzem Herzen, und doch konnten sie ihre Beziehung durch meine Bücher, Tonkassetten oder Seminare in einer Weise verbessern, wie sie dies nicht für möglich gehalten hätten. Manche sind Alleinstehende, die sich in ihrem ganzen Leben nach Liebe gesehnt, aber niemals Erfüllung erlangt hatten – bis sie lernten, die Unterschiede zwischen Männern und Frauen wahrzunehmen und zu beachten.

Manchmal heißt es dann am Ende eines Briefes: »Wenn Sie glauben, daß meine Geschichte anderen helfen kann, dann machen Sie bitte nach Belieben von ihr Gebrauch.« Als ich eines Tages darüber nachdachte, erschien mir dies plötzlich als eine sehr gute Idee. Wenn wahre Geschichten und Beispiele in meinen Seminaren eine so spontane und dauerhafte transformierende Wirkung haben konnten, dann könnte ich sie doch auch zu einem Buch zusammenstellen!

»Mars liebt Venus. Venus liebt Mars.« enthält meine Grundgedanken, wie ich sie in Büchern, auf Tonbändern und in Seminaren dargelegt habe, jetzt aber »aus dem wirklichen Leben« genommen. Sie haben damit die Möglichkeit, sich und Ihre Verhaltensweisen in den Geschichten anderer wiederzuerkennen und sich mit ihnen zu *identifizieren,* wie es in der Psychologie heißt. Es zeigt Ihnen in vielen verschiedenen Variationen einige tröstliche Realitäten:

- ▷ Probleme in der Liebe sind normal.
- ▷ Mit Ihnen ist alles in Ordnung, auch wenn Sie Beziehungsschwierigkeiten haben.

- ▷ Fast jeder, der eine Liebesbeziehung pflegen möchte, braucht hierzu mehrere Anläufe.
- ▷ Selbst schwerere Fehler wie Untreue können verziehen und die Beziehung kann gerettet werden.
- ▷ Auch Menschen, die sich wirklich lieben, können Beziehungsprobleme bekommen, wenn sie über bestimmte grundlegende Wahrheiten über Männer und Frauen nicht Bescheid wissen.
- ▷ Männer und Frauen sind wirklich unterschiedlich,
- ▷ und das Geheimnis einer erfolgreichen Liebesbeziehung liegt in der Anerkennung und Hinnahme dieser Unterschiede.

Manche dieser Geschichten sind rührend, andere auch lustig und amüsant. Denn was gäbe es Erfreulicheres, als von einer Liebesbeziehung zu hören, die am Rande des Scheiterns stand und plötzlich wieder zu neuem Leben erwachte! Die Frage, wie so etwas möglich ist, hält uns noch lange nach dem Mittagessen am Küchentisch gefesselt; wir schenken uns eine weitere Tasse Kaffee ein und unterhalten uns über die Einzelheiten der Angelegenheit, sei es unsere eigene oder diejenige anderer Menschen. So hoffe ich, daß auch die Lektüre dieses Buchs für Sie wie ein gutes Gespräch am Ende einer Mahlzeit ist, ein Nachdenken über die Liebe und ein plötzliches Aufleuchten der Erkenntnis: »Oh! Das bin ja ich!« Oder: »Sieh mal, Schatz! Hier steht etwas über uns…!«

Mars und Venus als Liebespaar

Stellen wir uns einmal vor, daß Männer vom Mars und Frauen von der Venus stammen. Vor langer, langer Zeit reisten eines Tages die Marsianer mit ihren Raumschiffen zur Venus. Als sie dort ankamen, war es Liebe auf den ersten Blick: Marsianer und Venusianerinnen verliebten sich bis über beide Ohren ineinander, heirateten und lebten glücklich bis ans Ende ihrer Tage – wenn, ja wenn sie nicht beschlossen hätten, der Erde einen Besuch abzustatten.

Zunächst schien alles in bester Ordnung zu sein, aber nach einiger Zeit begann sich die Wirkung der Erdatmosphäre bemerkbar zu machen. Männer und Frauen wurden Opfer eines »partiellen Gedächtnisschwundes«: Sie vergaßen, daß sie von unterschiedlichen Planeten stammten.

Weil sie plötzlich nicht mehr wußten, wie unterschiedlich sie waren, glaubten einerseits die Marsianer, daß man bei den Venusianerinnen etwas in Ordnung bringen müsse, und andererseits die Venusianerinnen, daß man an den Marsianern herumbessern müsse. Sie versuchten, einander zu ändern, und die Liebe, die sie ursprünglich füreinander empfanden, kühlte immer mehr ab.

Einige Marsianer und Venusianerinnen blieben jedoch von diesem Schicksal verschont. Die Glücklichen erinnerten sich daran, daß sie von verschiedenen Planeten stammten. Mit diesem besonderen Wissen war es ihnen möglich, auch weiterhin in gemeinsamer Liebe zu wachsen.

Obwohl die meisten Marsianer und Venusianerinnen vergaßen, daß sie verschieden sind, blieben einige von diesem Schicksal verschont. Ihnen gelang es, auch weiterhin in gemeinsamer Liebe zu wachsen.

Diese eine Erkenntnis, daß Männer vom Mars und Frauen von der Venus sind, war für Tausende von Paaren der Schlüssel zu mehr Liebe, einer besseren Verständigung und dauerhafter Leidenschaft in ihrer Beziehung.

Unrealistische Erwartungen

Die falsche Auffassung, daß Männer und Frauen gleich wären, führt in Beziehungen zwangsläufig zu unrealistischen Erwartungen. Frauen glauben, daß Männer denken und reagieren wie Frauen, wenn sie jemanden lieben. Männer erwarten, daß Frauen sich verhalten wie ein Mann, wenn er jemanden liebt. Aber ohne das richtige Wissen um die unterschiedlichen Reaktionsweisen von Männern und Frauen bleibt es nicht aus, daß Gefühle verletzt werden, und am Ende gerät man in einen dauernden Streit mit dem Menschen, den man doch eigentlich liebt.

Die falsche Auffassung, daß Männer und Frauen gleich wären, führt in Beziehungen zwangsläufig zu unrealistischen Erwartungen.

Wenn man einmal verstanden hat – und nicht mehr vergißt! –, daß Männer vom Mars und Frauen von der Venus sind, interpretiert man die Verhaltensweisen und Reaktionen des Partners in einem neuen Licht. Der alte Kampf zwischen den Geschlechtern erweist sich plötzlich als Mißverständnis zwischen den Geschlechtern. Es geschieht etwas Magisches in unseren Beziehungen – das Herz wird von der warmen Glut der Nachsicht durchflutet und von der Gewißheit erfüllt, daß man seine Hoffnungen und Träume doch noch verwirklichen kann.

Mit einemmal sehen die Beziehungen ganz anders aus. Wir erkennen, daß unser Partner eigentlich liebevoll sein *will* und nur *auf seine Weise* versucht, sein Bestes zu tun. Mit dieser neuen Erkenntnis können wir seine vielen Versuche wahrnehmen. Die dunklen Wolken der Irritation, Frustration und Enttäuschung verziehen sich, und die Aktionen und Reaktionen des Partners ergeben einen Sinn.

Der alte Kampf zwischen den Geschlechtern erweist sich plötzlich als Mißverständnis zwischen den Geschlechtern.

Wenn man die liebevollen Absichten seines Partners wahrnimmt, dann ändern sich die Beziehungen automatisch. Statt Zurückstoßung und Ablehnung wahrzunehmen, sieht man wieder die Liebe, die nicht nur immer da war, sondern immer noch da ist.

Was die Geschichten anderer Menschen bewirken können

Mit dieser wichtigen Einsicht haben Tausende von Paaren entdeckt, wie sie jeweils auf ihre ganz persönliche Weise die Liebe in ihrer Beziehung neu entzünden konnten. Dieses ganze Buch ist ihren intimen und inspirierenden Berichten gewidmet. Sie werden mit ihren eigenen Worten erzählen, wie sie Erfolg hatten, und uns aus ihren Fehlern lernen lassen.

Die Geschichten in den einzelnen Kapiteln werden Ihnen neue und wesentliche Erkenntnisse vermitteln. Viele der Gedanken sind zwar schon in meinen anderen Büchern dargestellt, doch wird es Ihnen mit Hilfe dieser Fallbeispiele leichter fallen, Ihre eigenen Empfindungen und Erfahrungen klarer zu sehen; und manche werden Ihnen neue Möglichkeiten aufzeigen, die Beziehung herzustellen, die Sie sich wünschen.

Natürlich lassen sich nicht alle der angeführten Beispiele exakt auf jede Situation in einer Partnerschaft übertragen. Dazu sind die Menschen zu verschieden. Aber diese Geschichten wurden ausgewählt, weil sich doch sehr viele Paare in ihnen erkennen können. Wenn Sie immer wieder das Gefühl haben, daß Sie und Ihr Partner beschrieben werden, dann haben Sie einen Bezugspunkt, anhand dessen Sie diese Gedanken diskutieren können.

Die Geschichten in Kapitel 2, »Männer stammen vom Mars, Frauen von der Venus«, zeigen, wie ein besseres Verständnis der Unterschiede zwischen Mann und Frau die Liebe dauerhaft macht. Das bloße Bewußtsein, daß wir unterschiedlich sind, befreit uns von der Empfindung, zurückgestoßen und unverstanden zu sein. Es schenkt uns statt dessen die Bereitschaft, uns Zeit zu nehmen, damit wir unseren Partner verstehen und das bekommen, wonach wir uns sehnen.

In Kapitel 3, »Männer und ihre Höhle«, wird gezeigt, wie sich Beziehungen einfach dadurch deutlich verbessern können, daß eine Frau Verständnis für das gesunde Bedürfnis eines Mannes aufbringt, sich in die »Höhle« seiner Gedanken zurückzuziehen. Viele Frauen haben entdeckt, daß ihre Partner bessere Zuhörer werden, wenn sie verstehen, daß Männer auf diese Weise von Zeit zu Zeit ihre Probleme lösen. Andere haben festgestellt, daß »er« sich öfter herauswagt, wenn »sie« sein Rückzugsbedürfnis akzeptiert.

In Kapitel 4, »Die Sprachbarriere«, zeigen die Geschichten, wie verschiedenartig Männer und Frauen kommunizieren und welch unterschiedliche Auffassungen sie davon haben, warum wir überhaupt reden. Männer und Frauen bedienen sich der Sprache, um Argumente vorzubringen und Probleme zu lösen. Aber Frauen beginnen oft auch zu sprechen, um sich während des Gesprächs über ihre Gefühle klarzuwerden, um ihre Empfindungen zu äußern oder um mehr Nähe herzustellen. Die Geschichten demonstrieren, wie sich die Kommunikation eindrücklich bessern kann, wenn Männer und Frauen sich über diese Unterschiede im klaren sind.

Kapitel 5, »Die Marsianer kommen«, enthält Beispiele von Beziehungen, die so sehr geschädigt waren, daß sie zu zerbrechen drohten. Durch die neuen Einsichten über die Unterschiede zwischen Männern und Frauen sind sie gerettet und mit neuem Leben erfüllt worden. Hier sehen wir, wie Frauen und Männer miteinander in Liebe wachsen und Möglichkeiten entdecken konnten, Befriedigung ihrer Bedürfnisse zu finden und die Bedürfnisse des Partners zu erfüllen, wo zuvor nur Irritation und Verärgerung herrschten.

Kapitel 6, »Grüße vom Mars und von der Venus«, zeigt die Unterschiede auf, wie Frauen und Männer einander Liebe schenken. Wenn man über diese Unterschiede nicht Bescheid weiß, wird die Beziehung im Lauf der Zeit zu einer einzigen Enttäuschung! Die Geschichten dieses Kapitels sollen den Männern zeigen, wie wichtig es ist, einer Frau das Gefühl zu geben, daß man sie verehrt. Frauen können hier erfahren, was sie damit bewirken, wenn sie Bewunderung für ihre Männer und deren Leistungen äußern.

In Kapitel 7 schließlich, »Mars, Venus und Partnerschaft«, betrachten wir schwerere Probleme, die manche Ehen belasten: Mißbrauch, Suchtverhalten, Täuschung und Ehebruch. Diese Geschichten sind besonders bemerkenswert, weil sie nicht nur die schwerwiegenden Folgen eines solchen Verhaltens, sondern auch Wege aufzeigen, die aus der Zerrüttung wieder zurück zu stabilen, gesunden und liebevollen Beziehungen führen.

Jedes Kapitel von »Mars liebt Venus. Venus liebt Mars.« zeigt Ihnen andere Möglichkeiten, dieses neue Wissen über die Unterschiede zwischen Männern und Frauen auch in Ihrer Partnerschaft anzuwenden. Alle Geschichten schärfen Ihr Bewußtsein dafür, daß sich die meisten Probleme und Konflikte lösen lassen, die nicht nur in Liebesbeziehungen, sondern überhaupt beim Umgang der Menschen miteinander unvermeidlich sind.

Die Auseinandersetzung mit der Frage, was Beziehungen »funktionieren« läßt, kann entsprechende Fähigkeiten spontan aktivieren. Wenn Sie erkannt haben, was in Ihrer eigenen Partnerschaft vielleicht fehlt, wird dies nicht einfach eine Enttäuschung sein, sondern es wird Sie vielmehr inspirieren, neue Wege zu beschreiten, um Erfüllung zu finden. Haben Sie erst einmal über Ihre eigenen Fehler oder diejenigen Ihres Partners lachen können, lösen Sie damit alten Groll auf. Ihr Herz erfüllt sich mit dem Zauber der Liebe und Nachsicht.

Die Anteilnahme an den persönlichen Transformationen von Menschen wie Sie und ich, die immer mehr die Fähigkeit erlangt haben, einander zu lieben und zu achten, ist eine bewegende und bereichernde Erfahrung. Gleichgültig, ob Sie von diesen Erfolgsgeschichten für Ihre eigene Beziehung inspiriert werden oder einfach nur Dankbarkeit für die Liebe und das Verständnis empfinden, die Ihnen schon vergönnt sind.

Männer stammen vom Mars, Frauen von der Venus

Männer und Frauen sind unterschiedlich – so unterschiedlich, daß man manchmal meinen könnte, sie stammten von verschiedenen Planeten. Schon wenn man sich nur dies vor Augen hält, kann man sich davor schützen, seinem Partner unberechtigte Vorwürfe zu machen. Man nimmt sich vielmehr die Zeit, sich mit dessen Bedürfnissen auseinanderzusetzen. Statt das andere Verhalten des Partners als Schwäche oder als neurotische Tendenzen abzutun, die korrigiert werden müssen, kann man beginnen, ihn so zu lieben und zu akzeptieren, wie er ist.

In diesem Kapitel berichten Männer und Frauen davon, wie hilfreich und beruhigend es für sie war, daß sie die Unterschiede zwischen Männern und Frauen zu verstehen begannen.

Wir sind nicht die einzigen!

Die folgende Geschichte erzählte mir Barbara: »Roger und ich sind heute einander in großer Liebe zugetan, aber dies war nicht immer so. Wir hatten ständig das Gefühl, daß eine Art Tauziehen zwischen uns herrschte. Er tat so vieles, was mir auf die Nerven ging. Als ich Ihr Buch ›Männer sind anders. Frauen auch.‹ las, war es, als ob Sie uns zu Hause beobachtet hätten. Was wir für unsere persönlichen Gespräche hielten, stand da in Ihrem Buch. Ich hatte bis dahin geglaubt, nur wir wären so. Es war außerordentlich hilfreich zu hören, daß andere Paare dieselben Erfahrungen machten.

Als wir sahen, daß es vielen anderen Paaren genauso ging wie uns, konnten wir aufhören, einander Vorwürfe zu machen.

Als wir sahen, daß es vielen anderen Paaren genauso ging wie uns, konnten wir aufhören, einander Vorwürfe zu machen. Wenn es ein Problem gab, dachte ich nicht mehr automatisch, Roger hätte etwas falsch gemacht. Ich hatte nicht mehr das Gefühl, nicht bekommen zu können, was ich wollte. Und vor allen Dingen hörte ich auf, Rogers Verhalten so zu interpretieren, daß er mich nicht liebte.«

Lernen, sich zurückzuhalten

Nell schrieb mir: »Mein Mann Stuart ist der große Schweiger. Er ist sehr marsianisch. Ich konnte nie herausbekommen, was er fühlte, und dies verunsicherte mich völlig. Ich glaubte, dies wissen zu müssen. Wie sollten wir je zusammenkommen, wenn er nie etwas sagte? Wie konnte ich etwas besser machen, wenn ich nicht wußte, worüber er sich ärgerte? Es war mir immer klar, wenn etwas nicht in Ordnung war und er nicht darüber redete, dann würde alles nur schlimmer werden. Wir sprachen nicht darüber – und es wurde immer schlimmer.

Meine Versuche, etwas besser zu machen, machten alles nur noch schlimmer.

Ich hatte keine Ahnung, daß meine Versuche, ihn zum Sprechen zu bewegen, nur dazu führten, daß er sich immer mehr verkroch. Als ich las, wie sich Marsianer in ihre Höhle zurückziehen, wurde mir plötzlich klar, daß meine Versuche, etwas besser zu machen, alles nur noch verschlimmerten. Als ich ihn schließlich in Ruhe ließ, änderte sich alles. Stuart war plötzlich viel besserer Laune. Wenn er wieder aus seiner Höhle herauskam, war er jedesmal viel aufmerksamer und zuvorkommender. Ich bin mir sicher, daß wir uns ohne diese Einsicht immer noch streiten würden.«

Zuhören lernen

Chuck sagte: »Dank der Einsicht, daß Frauen von der Venus sind, habe ich begonnen, besser zuzuhören. Ich hatte immer gehört, Kommunikation sei in einer Beziehung das wichtigste, und ich hielt mich für einen großen Kommunikator. Kommunikation ist sogar mein Beruf: Ich bin Rundfunkreporter. Aber was frustrierte dann meine Frau so an mir? Warum redete *sie* nicht mehr mit mir?

Sooft sie über etwas zu reden begann, was ihr Sorgen machte, kam ich schon mit meiner Lösung.

Für mich war wie für die meisten Männer das wichtigste, ein Problem sofort aus der Welt zu schaffen. Sooft sie über etwas zu reden begann, was ihr Sorgen machte, kam ich schon mit meiner Lösung. Ich versuchte, ihre Gedankengänge zurechtzurücken, ihre Gefühle zu berichtigen und ihre Probleme zu beseitigen, indem ich ihr Lösungen anbot. Ich setzte mich mit all ihren Problemen auseinander, aber ich löste damit genau dasjenige nicht, das ihr am meisten zu schaffen machte: Sie wollte einfach nur, daß ich ihr zuhörte.

Sie sagte dies zwar schon die ganzen Jahre, aber ich begriff nie, was sie eigentlich meinte. Ich glaubte, ›einfach zuhören‹ bedeutete, daß ich sie ausreden lassen sollte, bevor ich mit meiner Lösung kam. Aber jetzt höre ich wirklich ›einfach zu‹: Ich biete keine Lösungen mehr an, und plötzlich hat sie das Gefühl, daß ich ihr ›zuhöre‹.«

Weniger tun und sich wieder verlieben

Marge erzählte: »Als mich meine Freundinnen drängten, John Grays Bücher zu lesen, sträubte ich mich zuerst. Ich wollte mir nicht von einem *Mann* sagen lassen, was ich noch tun sollte, um meine Beziehung zu verbessern. Warum müssen immer nur Frauen alles dafür tun, damit eine Beziehung besser wird? Ich erwartete jetzt von meinem Mann Philip, daß *er* etwas tat, damit sich etwas änderte. Ich sträubte mich, aber schließlich nahm ich meine Medizin doch.

Ich hörte auf, alles für ihn zu tun, und bat ihn auch nicht mehr, mehr für mich zu tun. Im nächsten Monat tat ich, was mir Spaß machte, und ließ es bleiben, ihn ändern zu wollen.

Ich räumte die Küche nicht mehr auf, und als dort wirklich ein furchtbares Durcheinander entstanden war, begann er aufzuräumen.

Ich hörte auf, ihn zum Sprechen aufzufordern. Dann fragte er mich plötzlich, ob ich einen schönen Tag gehabt hätte. Ich fragte ihn nicht mehr, wie sein Tag verlaufen sei. Nach einigen Wochen begann er von selbst zu erzählen, wie es ihm ergangen war. Ich räumte die Küche nicht mehr auf, und als dort wirklich ein furchtbares Durcheinander entstanden war, begann er, Ordnung zu schaffen. Ich ließ alle seine Kleider am Boden liegen, und plötzlich hob er sie selbst auf. Dies entsprach zwar nicht meiner Idealvorstellung, aber es funktionierte.

Das Lob wirkte wie ein geheimer Liebestrank: Er war ganz erleichtert und zufrieden.

Ich übte mich darin, ihn für alles zu loben, was er tat. Es widerstrebte mir zwar, zu warten, bis in der Küche das reinste Chaos herrschte und er schließlich aufräumte, aber ich tat es dennoch. Als er Ordnung geschaffen hatte, lächelte ich und sagte: ›Das sieht ja phantastisch aus.‹ Das Lob wirkte wie ein geheimer Liebestrank: Er war ganz erleichtert und zufrieden. Ich hätte mir nie träumen lassen, wieviel einfacher alles sein konnte. Diese einzige Veränderung meines Verhaltens verwandelte auch ihn. Dann fühlte ich mich plötzlich wieder verliebt.

Ja, ich mußte etwas ändern, aber nicht das, was ich gedacht hatte. Ich durfte einfach nicht mehr darauf beharren, daß bestimmte Dinge so geregelt würden, wie ich es mir vorstellte. Ja, in unserem Haus herrscht Unordnung. Ja, er bleibt manchmal tagelang in seiner Höhle. Aber wenn er wieder herauskommt, lieben wir uns, und das geht mir über alles. Ja, es fällt mir schwer, nicht immer alles in die Hände zu nehmen und ihm dann Vorwürfe zu machen, daß er mir nicht hilft oder sich nicht kümmert; aber als ich feststellte, daß es funktioniert und wir uns mehr denn je lieben, wurde alles viel einfacher. Die kleine Mühe lohnte sich wirklich.«

Ein Neubeginn

Judy berichtete: »Zusammen sind wir sechsmal verheiratet – jeder dreimal. In drei Tagen werde ich zweiundfünfzig. Wenn nach all dieser Zeit und all dieser Mühe unsere Beziehung nicht die bestmögliche wäre, dann wollte ich mich auf überhaupt keine mehr einlassen. Lieber allein sein als noch eine schlechte Beziehung! Als Ken und ich heirateten, war ich zweiundvierzig,

Ken einundfünfzig. Erwachsene! Vernünftige Menschen! Wir heirateten, um in unser beider Leben auf die nächsthöhere Ebene einer Beziehung zu gelangen. Durch die Heirat zeigten wir uns gegenseitig, wie sehr wir uns einander verpflichten wollten. Wir wußten aber auch, was wir *nicht* wollten.

Und dies war die Vorgeschichte: Nach fünfzehn Jahren endete meine erste Ehe mit der Scheidung. Ich hatte einfach keine Ahnung, wie man eine gute Beziehung führt. Meine Eltern hatten sich dauernd gestritten und einander wenig Achtung entgegengebracht. Ich hielt mich für einen intelligenten Menschen und glaubte, es besser machen zu können, aber es war genau dasselbe wie bei ihnen.

Eineinhalb Jahre nach der Scheidung war ich erneut verheiratet. Er war ein netter Mann, aber es klappte wiederum nicht. Diesmal dauerte es wenigstens keine fünfzehn Jahre. Ich konnte mir das alles nicht erklären, aber es war mir auch klar, daß ich einfach nicht wußte, wie man es richtig macht.

Als ich aufhörte, ihm ständig gute Ratschläge zu erteilen, hörte er mir plötzlich zu.

Dann trat Ken in mein Leben, und alles änderte sich. Wir begegneten uns bei einem Kommunikationsseminar mit John Gray. Zum erstenmal in meinem Leben verstand ich Männer und begriff, was in meinen Beziehungen geschah. Ich glaube, ich verstand plötzlich, wie man mit Männern reden muß, damit sie zuhören. Als ich aufhörte, ihm ständig gute Ratschläge zu erteilen, hörte er mir plötzlich zu. Wir sind jetzt seit zehn Jahren glücklich verheiratet, und ich weiß, warum.

Wir *kommunizieren,* und wir wissen, wie wir einander als unterschiedliche Geschlechter respektieren müssen. Wir wissen, wie sich diese Unterschiede auswirken. Ich glaube nicht mehr, Ken müßte mich ohne weiteres verstehen. Manchmal verstehe ich mich ja selbst nicht – wie sollte ich dies dann von einem Marsianer erwarten! Wenn er mir zuhört und mich zu verstehen versucht, schätze ich dies außerordentlich.

Ich glaubte, wenn er mich liebte, dann müßte er automatisch versuchen, mich durch Kommunikation zu erreichen.

Vor meiner Zeit mit Ken erwartete ich einfach, daß ein Mann zuhört und versteht. Ich glaubte, wenn er mich liebte, dann müßte er automatisch versuchen, mich durch *Kommunikation* zu erreichen. Ich wußte nicht, daß Männer versuchen, andere Menschen durch *Taten* zu erreichen.

Wenn Ken das Gefühl hat, daß er etwas für mich tut, dann meint er, dadurch mit mir in Verbindung zu sein. Passives Zuhören läßt einen Mann glauben, daß er keine wirkliche Hilfe leistet. Er langweilt sich schnell, wird ungeduldig und kann nicht bei der Sache bleiben. Doch wenn ich Ken sage, wie sehr ich sein Zuhören schätze, wird ihm klar, daß er mir wirklich hilft. Dies macht nicht nur ihn glücklicher, sondern erinnert auch mich daran, seine Unterstützung nicht für selbstverständlich zu nehmen.

Ich weiß auch, daß ich nicht zu erwarten brauche, ich könnte alle unsere Unterschiede automatisch akzeptieren und annehmen. Es ist manchmal nicht leicht, aber jetzt leiste ich mir wenigstens Mitgefühl mit mir selbst, weil ich mit jemandem zurechtkommen muß, der so ganz anders ist als ich…!

Wir sind unterschiedlich, aber seine Art ist ebenso berechtigt wie meine; weder bei ihm noch bei mir muß etwas ›in Ordnung gebracht‹ werden.

Wenn wir nicht vergessen, daß Männer vom Mars und Frauen von der Venus stammen, können wir auch unsere Unterschiede respektieren, statt sie zu ignorieren und zu leugnen. Ken und ich haben die achtziger Jahre erlebt, in denen die Meinung vorherrschte, Männer und Frauen wären genau gleich. Heute wissen wir, daß diese nicht stimmt: Wir haben entdeckt, daß wir durchaus nicht gleich sind. Aber wir haben auch gelernt, daß keiner von beiden besser ist. Wir sind unterscheidlich, aber seine Art ist ebenso berechtigt wie meine; weder bei ihm noch bei mir muß etwas ›in Ordnung gebracht‹ werden.

Ich glaube, Männer und Frauen sind in einer bestimmten Art und Weise ›gedacht‹. Es geht nicht nur darum, daß wir zusammen Kinder machen können, sondern auch um andere Dinge. In den vergangenen Jahren hatten wir überhaupt nicht mehr auf unsere unterschiedliche Natur geachtet. Indem ich Ken genau so liebe, wie er ist, kann ich auch mich selbst wieder lieben und akzeptieren. Es hat all die Jahre gebraucht, bis ich diese Zusammenhänge verstand, und ich bin sehr dankbar dafür.«

In Liebe aufeinander zuwachsen

Fred erzählte folgende Geschichte: »Ich hörte immer wieder den Namen Mary Wright. ›Sie hat an Seminaren von John Gray teilgenommen. Sie werden sie bestimmt nett finden‹, sagte man mir. Ich fing damals selbst an, mich für Johns Arbeit zu interessieren, und wandte seine Ideen in meiner psychotherapeutischen Praxis an. Deshalb war es wohl nicht abwegig, zu glauben, daß ich Mary mögen würde. Aber nach meiner Trennung wollte ich nicht gleich wieder eine neue Beziehung eingehen – ich war nicht deprimiert, es ging mir gut, aber ich wollte einfach noch keine neue Bindung.

Es konnte nicht ausbleiben, daß ich Mary schließlich bei einem von Johns Seminaren traf. Es wurde dabei getanzt, und ich forderte sie einmal auf. Ich erinnere mich, daß ich dachte: Ich finde diese Frau wirklich nett, aber weiter ist nichts. Sie sieht gut aus, ist intelligent und geistreich. Aber es ›funkte‹ nicht bei mir. Dann sah ich sie erst eineinhalb Jahre später auf einer Party wieder – und sie war wirklich der interessanteste und faszinierendste Mensch dort. Ich unterhielt mich eine geschlagene dreiviertel Stunde mit ihr, bat sie um ihre Telefonnummer und rief sie zwei Wochen später an, um sie mit meinen Töchtern zu einem Konzert von Billy Joel einzuladen. Es war eine phantastische Veranstaltung.

Als wir uns verabschiedeten, sagte ich zu ihr: ›Mary, ich mag Sie und möchte wieder einmal mit Ihnen ausgehen. Ich fand den Abend mit Ihnen sehr schön.‹

Sie antwortete: ›Ich auch, aber ich muß mir in Beziehungen sehr viel Zeit lassen. Ich habe mich immer Hals über Kopf in Partnerschaften gestürzt und arbeite jetzt gerade daran, dies nicht mehr zu tun. Sie müssen von vornherein wissen, daß zunächst nichts Körperliches zwischen uns laufen kann.‹

›Was meinen Sie damit?‹ fragte ich sie. ›Wenn ich Ihre Hand nicht halten darf oder wir uns nicht umarmen können, dann würde mir dies sehr schwerfallen. Wenn Sie aber meinen, daß wir nicht gleich miteinander ins Bett gehen müssen, dann ist dies schon in Ordnung.‹

›Ja‹, sagte sie, ›das meine ich.‹

Wir umarmten uns zum Abschied mit einem kleinen Lachen, und so endete unsere erste Verabredung.

Es entwickelte sich alles langsam, aber stetig. Einige Monate später ging Mary mit mir, einer meiner Töchter und deren Freund in einen Vergnügungspark. Ich war während jener Zeit hin und wieder auch mit zwei anderen Frauen ausgegangen, aber bei diesem Ausflug wurde mir klar, daß Mary die Richtige war. Dennoch dauerte es noch vier oder fünf Monate, bis wir uns zum erstenmal richtig küßten. Wenig später wurde unsere Beziehung auch körperlich. Ein Jahr danach zogen wir zusammen.

Johns Arbeit gehört zu den wichtigsten Gemeinsamkeiten zwischen Mary und mir. Sie bedeutete eine echte Zäsur in meinem Leben: Liebesverhältnisse vor der Teilnahme an Johns Seminaren und dann diese Beziehung mit Mary, in der wir seine Empfehlungen beherzigten. Ich konnte wahrnehmen, wie sie ihr dabei halfen, keine unerbetenen Ratschläge mehr zu geben. Sie ist Volksschullehrerin und deshalb gewohnt, kleinen Buben zu erzählen, wie man im Leben alles richtig macht; aber als typischer Marsmann kann ich es nicht ausstehen, wenn man mir etwas vorschreiben will. Mary hatte von John gelernt zu *fragen*, ob ich etwas wissen wolle, und ich schätzte dies sehr. Sie unterwies sogar meine Töchter, so daß auch sie mich in dieser Hinsicht besser verstehen konnten.

Ich kann es nicht ausstehen, wenn man mir etwas vorschreiben will; und als Mary lernte zu fragen, ob ich etwas wissen wollte, schätzte ich dies sehr.

Für mich lag der entscheidende Schlüssel zum Erfolg unserer Beziehung darin, daß ich lernte, auf Marys Gefühle zu hören und sie nicht als belanglos abzutun. Ich bin zwar selbst Therapeut, doch machte mir Johns Arbeit deutlich, daß ich in dieser Hinsicht noch viel lernen mußte. Männer mißachten die Gefühle von Frauen schon so lange, daß sie dies gar nicht mehr wahrnehmen: ›Ja, ja‹, sagen sie, ›so empfindest du das vielleicht, aber betrachten wir die Sache doch einmal logisch.‹ Um wirklich zu dem guten Zuhörer zu werden, für den ich mich schon hielt, mußte ich noch lernen, auf die Gefühle einer Frau zu achten, ohne sie geringzuschätzen.

Männer nehmen die Gefühle von Frauen einfach nicht ernst. Ich mußte erst noch lernen, auf die Gefühle einer Frau zu achten, ohne sie geringzuschätzen.

Es hat einen kulturellen Grund, warum Männer die Gefühle von Frauen mißachten: Von Kind auf wird ihnen direkt oder indirekt vermittelt, Jungen wären besser als Mädchen, schlauer, stärker und so weiter; und sie hören von älteren Männern, Vätern, Onkeln, Großvätern und Brüdern, daß sie über Frauen und deren Gefühle abfällig reden. Deshalb wachsen Jungen ohne jedes Verständnis und jede tiefere Wertschätzung weiblicher Weisheit auf.

Wie den meisten Männern war mir vor dem Besuch von Johns Seminaren nicht klar gewesen, daß ich eine verborgene Verachtung für Frauen und ihre Gedanken und Gefühle in mir trug. Ich war der Meinung, ich hätte schon vor der Begegnung mit Mary Frauen ernsthaft zugehört; aber sie war außer meinen Töchtern die erste Frau, mit der ich diese neue Ebene des Zuhörens wirklich in die Praxis umsetzen konnte. Und erst dann, wenn ein Mann zuzuhören beginnt – ich weiß dies aus meiner Arbeit als Psychotherapeut –, können Frauen Vertrauen entwickeln und den Zorn und die Verachtung loslassen, die sie für Männer empfinden. Solange unterhalten sich Frauen hinter vorgehaltener Hand darüber, was die Männer doch für Heinis sind. Für Mary war es ein entscheidender Schritt, daß ich zuhören konnte, aber auch für mich. Wir begannen beide wahrzunehmen, was Partnerschaft bedeutet.

Johns Arbeit ebnete also den Weg zu *Vertrauen.* Dadurch können Frauen hinsichtlich der Höhle, in die sich Männer von Zeit zu Zeit zurückziehen, eine entspanntere Haltung einnehmen: Sie haben das Vertrauen, daß ›er‹ schon wieder herauskommen wird. Es wurde mir ebenso klar, wieviel es mir bedeutete, auch für kleine Dinge Anerkennung zu erhalten. In meiner letzten Ehe hatte ich das Gefühl, daß meine Frau alles, was ich tat, für selbstverständlich nahm und es nicht wirklich zu schätzen schien. Johns Arbeit erhellte dagegen diesen besonderen Aspekt von Beziehungen: daß einem Mann Anerkennung wichtig ist. Wenn Mary zum Beispiel sagt: ›Ich liebe dich‹, höre ich dies wirklich sehr gerne, aber wenn sie sagt: ›Liebling, ich finde es sehr schön, daß du dich um die Karten gekümmert hast‹ oder ›Danke, daß du den Müll hinausgebracht hast‹ oder ›Ich bewundere es, wie sehr du dich bemühst, ein guter Vater zu sein‹, dann tut mir eine solche Anerkennung außerordentlich gut und bedeutet mir eigentlich noch viel mehr.

Diese Lehren sind ganz einfach, und ich wende sie in meiner Praxis immer wieder an. Aus dem Bewußtsein für die Unterschiede zwischen Männern und Frauen kann Vertrauen entstehen, und das schafft wiederum Sicherheit. Auf einer solchen Basis kann Liebe gedeihen. Genau dies geschah zwischen Mary und mir. Die Liebe blühte und wuchs. Wir heirateten im Jahr 1994, und John und Bonnie waren bei unserer Hochzeit dabei.«

Zuerst sich selbst, dann einander finden.

Lesen wir die Geschichte nun aus Marys Sicht: »Ich bin süchtig nach Liebe, oder war es zumindest. Ich hatte mit fünf meinen ersten Freund, und danach war ich pausenlos immer in irgendeiner Beziehung – bis einige Jahre nach dem Scheitern meiner dritten Ehe. Dann war ich zweiundvierzig. Ich komme aus einem suchtbelasteten Elternhaus – meine Mutter war Alkoholikerin, und zwei meiner Brüder fielen Drogen und Alkohol zum Opfer. Nach der Auflösung meiner dritten Ehe wurde mir klar, daß ich selbst süchtig war. Nur ging es bei mir nicht um Drogen und Alkohol – bei mir waren es Ehen. Zu dieser Einsicht verhalfen mir Johns Workshops.

Ich bin süchtig nach Liebe, oder war es zumindest. Ich hatte mit fünf meinen ersten Freund, und danach war ich pausenlos immer in irgendeiner Beziehung – bis einige Jahre nach dem Scheitern meiner dritten Ehe. Dann war ich zweiundvierzig.

Nach dieser wichtigen Erkenntnis sagte ich mir: Ich werde eine Beziehung mit mir selbst eingehen, um erst mal zu erfahren, wer *ich* bin. Ich kaufte mir eine eigene Wohnung, unternahm auf eigene Faust eine Reise in den Südwesten und beschäftigte mich mit Musik, um herauszufinden, was *mir* gefiel. ›Dies bin *ich*‹, gewöhnte ich mir an zu sagen. ›Dies gefällt *mir*. Dies gefällt mir nicht. Dies akzeptiere ich nicht. Dies kann ich vielleicht akzeptieren.‹ Ich verliebte mich wieder, aber jetzt zum erstenmal in mich selbst.

Die ganze Zeit, während ich so mit mir beschäftigt war, hörte ich immer wieder den Namen Fred Kleiner. Einige meiner Bekannten meinten, daß wir zusammenpassen würden. ›Ich habe kein Interesse. Ich gehe mit niemandem aus‹, sagte ich zu ihnen. Aber immer wieder wurde sein Name erwähnt. Möglicherweise war ich ihm auch schon einmal begegnet. Dann ging ich zu einer Party, auf der auch jener Fred Kleiner war. Er kam auf mich zu, unterhielt sich mit mir, und ich fand ihn äußerst angenehm. Er bat mich um meine Telefonnummer, und einige Wochen später lud er mich zu einem Konzert ein.

Auf dem Weg dorthin warnte ich ihn: ›Ich sage Ihnen lieber gleich zu Beginn, daß ich schon dreimal verheiratet war. Ich weiß nicht, wie man eine gute Beziehung pflegt, aber ich weiß, daß ich es in dieser Beziehung anders als vorher machen werde.‹

Er legte seinen Arm um mich, und ich fuhr fort: ›Ich weiß auch nicht, ob und wann es mir möglich sein wird, Sie zu küssen. Ich befinde mich hier auf völligem Neuland.‹ Sobald es zu einem Kuß kam, war es um mich geschehen.

›Darf ich Sie umarmen?‹ fragte Fred.

›Umarmen ist kein Problem. Aber Küsse – wenn ich jemanden küsse, den ich gern habe, verliere ich den Boden unter den Füßen. Dann bricht meine Sucht nach Liebe wieder aus, und ich baue mir Luftschlösser.‹

›Das ist in Ordnung‹, sagte er. Wir amüsierten uns bei diesem Konzert großartig. Danach sahen wir uns regelmäßig. Die ersten fünfeinhalb Monate gingen wir an unseren gemeinsamen Abenden nur essen und ins Kino. Danach begleitete Fred mich hinauf zu meiner Wohnung, wir umarmten uns und lachten ein wenig, aber ich war noch nicht bereit für eine sexuelle Beziehung. Er bedrängte mich nie und respektierte mich. Er kannte Johns Arbeit in- und auswendig, und er bewirkte magische Dinge mit diesem Wissen.

Ich war nicht hoffnungslos verliebt, aber so ersparte ich mir auch die Enttäuschung, daß meine unrealistischen romantischen Erwartungen wieder einmal nicht erfüllt werden würden.

Fred war der erste Mann, der sich Zeit dafür nahm, mir zuzuhören. Dadurch konnte ich in Kontakt mit mir selbst bleiben. Ich war nicht hoffnungslos verliebt, aber so ersparte ich mir auch die Enttäuschung, daß meine unrealistischen romantischen Erwartungen wieder einmal nicht erfüllt werden würden. Es gab natürlich Höhen und Tiefen in unserer Beziehung, aber wir schafften es. Ich lernte, daß Männer einen Freiraum brauchen, um ihre Probleme lösen zu können, und daß ich nichts weiter zu tun brauchte, als Fred diesen Freiraum zu lassen. Er hat seinerseits gelernt, mich reden zu lassen und mir einfach zuzuhören.

Wenn ich in der Rückschau meine Sucht nach Liebe betrachte, verstehe ich, was sich dahinter verbarg: Es war meine *Phantasie* von Liebe. Ich sehnte mich so verzweifelt nach ihr, daß ich einem Mann alles sein wollte, so, wie er mich haben wollte, und verlor dabei mich selbst. Ich wurde so eins mit meinem jeweiligen Mann, daß ich darüber meine eigenen Bedürfnisse vergaß und nicht mehr wußte, wer ich war, was ich brauchte oder überhaupt mochte. Ich fügte mich einfach in sein Leben ein und wurde zu einem Anhängsel von ihm. Schließlich entdeckte ich dann irgendwann doch, daß ich unglücklich war und nicht bekam, was ich wirklich brauchte.

Mit Fred ist alles ganz anders. Wir haben eine Menge Spaß miteinander, und bei ihm bin ich vollkommen ich selbst. Ich bin Mary Wright, ich bin Lehrerin, und ich bin Fred Kleiners Frau. Ich weiß jetzt, daß ich auch ohne Fred leben könnte und auch allein ein ganz gutes Leben haben würde. Aber ich will das nicht. Ich bin aus freien Stücken bei Fred, nicht aus Verzweiflung.

Weil ich verstanden habe, worin wir uns unterscheiden, kann ich auch jeden Tag die Entscheidung treffen, bei ihm zu bleiben. Ich habe nicht mehr das Gefühl, mit mir wäre etwas nicht in Ordnung. Ich brauche mich nicht zu ändern, um von ihm geliebt zu werden. Er akzeptiert, daß ich anders bin als er, und versucht, meine Gefühle zu verstehen und das Gute in mir zu sehen. Ich habe nicht mehr das Gefühl, alle seine Erwartungen erfüllen zu müssen, um seine Liebe zu bekommen.

Es ist soviel romantischer, aus freien Stücken bei Fred zu sein, als – wie bei meinen anderen Ehemännern – Sklavin einer krankhaften, suchtartigen romantischen Phantasie zu sein. Damals war ich nicht ich selbst. Jetzt habe ich Fred *und* mich. Jetzt habe ich *uns.*«

Das Wunder des Verstehens

Sue erzählt: »Das Buch ›Männer sind anders. Frauen auch.‹ war wirklich die Erhörung meiner Gebete. Ich brauchte ein Wunder in meiner Ehe. Ich war an einem Punkt, daß ich immer öfter daran dachte, mich scheiden zu lassen; aber ich wollte es nicht wegen der Kinder. Irgendwie hatte ich das Gefühl, die ›Erhörung‹ sei nahe – und so war es denn auch!

Ich war an einem Punkt, daß ich immer öfter daran dachte, mich scheiden zu lassen; aber ich wollte es nicht wegen der Kinder.

Rich und ich sind seit vierundzwanzig Jahren verheiratet. Wir haben fünf Kinder zwischen sechzehn und zweiundzwanzig. In den letzten zweiundzwanzig Jahren haben wir so viel Energie dafür aufgewandt, unsere Kinder zu guten, verantwortungsbewußten Erwachsenen zu erziehen, daß wir wohl unsere eigenen Probleme beiseite schoben. Jetzt sind unsere drei Töchter im College, und unsere beiden Söhne stehen kurz vor dem Abschluß der High-School, weshalb ich glaube, daß unsere Arbeit diesbezüglich beinahe getan ist. Wir beginnen jetzt, uns mehr aufeinander und darauf zu konzentrieren, daß wir besser miteinander zurechtkommen.

Unser Hauptproblem in den ganzen Jahren war die fehlende Kommunikation. Wenn ich mit Rich über irgendein Problem mit den Kindern reden wollte, machte er sofort ›zu‹ und griff mich an, es sei meine Schuld – meist deswegen, weil ich, wie er sagte, nicht streng genug mit ihnen war.

Er konnte mir einfach nie zuhören, ohne mich zu belehren oder mir eine schnelle Lösung für das jeweilige Problem anzubieten. Das Ende vom Lied war immer, daß ich weinte und wünschte, ich hätte nie ein Wort zu ihm gesagt. Er war jähzornig und verletzte mich mit bösen Worten.

Seit wir jedoch miteinander Ihr Buch gelesen haben, versteht er mich, und sein Jähzorn hat sich gebessert. Was Sie in Ihrem Buch über Frauen sagen, trifft ganz genau auf mich zu, wodurch ihm plötzlich klar wurde, daß ich völlig ›normal‹ bin. Ich kann ihm jetzt meine Gefühle und Gedanken mitteilen, ohne daß er gleich wütend auf mich wird.

Plötzlich wurde ihm klar, daß ich völlig ›normal‹ bin.

Im fünften Kapitel sagen Sie, ein Mann solle immer daran denken, daß eine Frau, die über ein Problem klagt, sich damit nicht notwendigerweise über ihn beschwert. Sie befreit sich vielmehr einfach von ihren Frustrationen, indem sie darüber spricht. Sie sagen, Frauen sprechen über ihre Probleme, um sich Erleichterung zu verschaffen, während Männer sich in ihre Höhle zurückziehen, um dort ihre Probleme allein zu lösen. Als wir erkannten, daß wir genau dies taten, war unsere Ehe auf dem Weg der Besserung.

Mit jedem Kapitel, das wir lasen, traten mehr Veränderungen in unserem Leben ein. Wenn ich von der Arbeit nach Hause kam, setzte sich Rich zu mir und fragte mich, wie der Tag war – und er hörte mir einfach zu! Dies war etwas, was ich brauchte, und er hatte es aus Ihrem Buch erfahren.

Im zehnten Kapitel schreiben Sie darüber, daß eine Frau ›Buch führt‹ und daß die kleinen Dinge, die ein Mann für sie tut, genauso viel zählen wie die großen. Dies kam mir sehr bekannt vor. Ich hatte all die Jahre im Geiste ›Punkte zusammengezählt‹, und es war mir nicht einmal klar, daß ich dies tat. Ich hatte immer viel mehr ›Punkte‹ als Rich, weshalb das Konto unausgeglichen war, und deshalb ärgerte ich mich über ihn. Ich drohte vor lauter Groll krank zu werden. Oje! In meinem Herzen hatte sich so viel Ärger über ihn angesammelt, daß dies unsere Beziehung zu vergiften begann, und eines Tages sagte ich zu ihm: ›Ich empfinde noch Liebe für dich, aber als Mensch mag ich dich nicht mehr.‹ Wegen des ganzen Ärgers in meinem Herzen war meine Liebe zu ihm verblaßt.

Wegen des ganzen Ärgers in meinem Herzen war meine Liebe zu ihm verblaßt.

Einige Monate später schenkte uns Richs Bruder Jon, der in Kalifornien lebt, Ihr Buch. Er hatte Sie über Beziehungen sprechen gehört und war davon sehr angetan. Auf diese Weise kamen wir im kalten Norden – an diesem Morgen waren es zwanzig Grad unter Null! – zu Ihrem Buch.

Nachdem ich es gelesen hatte, schrieb ich Rich einen neunseitigen ›Liebesbrief‹, in dem ich alle meine Gefühle festhielt. Ich wußte jetzt, daß die Kraft meiner negativen Empfindungen geschwächt werden würde, wenn ich sie niederschrieb, so daß positive Empfindungen auftauchen könnten. Ich vergaß auch das ›Postskriptum‹ nicht, über das Sie im elften Kapitel schreiben: die Antwort auf meinen Brief, die ich von Rich erwartete. Dies half mir ganz besonders. Damit begann die eigentliche Heilung in meinem Herzen.

Sein sehr liebevoller Entschuldigungsbrief tat meinen verletzten Gefühlen gut.

Als ich Rich meinen Brief und ›seine‹ Antwort gezeigt hatte, antwortete er mit einem sehr liebevollen Entschuldigungsbrief, der ebenfalls meinen verletzten Gefühlen guttat. Wir begannen, aneinander neue Seiten zu entdecken.

Ich stellte fest, daß ich mit ihm am besten über Liebesbriefe kommunizieren konnte. Auch heute noch kommt es vor, daß er mich anfährt, wenn ich wirklich wütend bin und ihm meine Empfindungen mitteilen möchte; deshalb ist es für uns besser, sie aufzuschreiben.

Ohne diese Methode wäre ich bestimmt vor lauter Groll krank geworden, weil meine Gefühle immer wieder verletzt wurden, sooft ich mit ihm zu reden versuchte.

Unsere Beziehung ist in den letzten beiden Jahren, seit wir Ihr Buch gelesen haben, sehr viel besser geworden. Wir verstehen einander jetzt mehr. Wir wissen nun, warum wir so handeln, wie wir handeln. Ich glaube, daß die Wahrheiten in Ihrem Buch unsere Ehe gerettet haben. Dafür werde ich Ihnen ewig dankbar sein.

Das ›Punktekonto‹ ist in unserem Haus jetzt besser ausgeglichen, weil Rich sich um die Wäsche kümmert, manchmal auch kocht und mir bei vielen kleinen Dingen hilft, die in einer Ehe eine so wichtige Rolle spielen. Wir erleben immer noch Höhen und Tiefen, aber wir befinden uns auf dem Weg der Besserung, und es gibt wieder Hoffnung für unsere Ehe.«

Männer und ihre Höhle

Eine der wichtigsten und nützlichsten Informationen, die Venusfrauen über Marsmänner erhalten müssen, ist zweifellos die Tatsache, daß sich die Marsianer ab und zu gerne in ihre Höhle zurückziehen.

Diese Erkenntnis, daß ein Mann seine Frau lieben kann, aber trotzdem manchmal nicht mit ihr zusammensein will, ist für viele Frauen ziemlich überraschend und ihrem eigenen Wesen eigentlich sehr fremd.

Wenn eine Frau ihren Mann liebt, freut sie sich darauf, mit ihm zusammenzusein und sich mit ihm auszutauschen. Auch wenn sie sich angespannt fühlt, will sie dem Mann, den sie liebt, noch alles über ihren Tag erzählen.

Das Gespräch bietet ihr eine Möglichkeit, Dinge zu bereinigen und die Bürde des Tages abzulegen; dies schafft Nähe, und sie fühlt sich danach einfach besser.

Für sie gehört es zum Schönsten an einer Beziehung, Kontakt mit ihrem Partner zu haben und von ihm unterstützt zu werden. Es gibt ihr einfach ein gutes Gefühl, wenn jemand, den sie mag, auch weiß, was sie alles so erlebt. Je mehr eine Venusfrau einen Mann liebt, desto mehr möchte sie auch ihre Erfahrungen mit ihm teilen.

Umgekehrt ist es für sie sehr enttäuschend, wenn ihr geliebter Marsmann nach Hause kommt und gar nichts zu erzählen hat. Sie fragt, ob er etwas hat, doch er sagt nur: »Nein, gar nichts.« Sie versteht nicht, daß er damit meint: »Ich bin für eine Weile in meiner Höhle und möchte jetzt nicht reden. Ich komme schon wieder heraus.«

Eine Frau nimmt es fälschlicherweise persönlich und fühlt sich zurückgestoßen, wenn ein Mann sich in seine Höhle zurückzieht.

Sofern sie nicht weiß, daß Männer vom Mars sind, muß sie dies natürlich persönlich nehmen. Sie glaubt, daß er sie nicht liebt, wenn er ihr nichts erzählt. Frauen, die mit einem Mann zusammenleben oder dies einmal vorhaben, müssen unbedingt über seine »Höhlenzeit« Bescheid wissen und sie akzeptieren. Das ist gar nicht so einfach, wie es klingt, doch sollen die folgenden Beispiele hierbei helfen.

Er liebt mich noch

Janet berichtete: »Wenn eine Freundin auf mich böse ist, redet sie nicht mehr mit mir. Auf der Venus ist die Verweigerung des Gesprächs das klarste und eindeutigste Zeichen, daß es in der Beziehung ein großes Problem gibt. Als mein Mann Carlos eines Tages nicht mit mir reden wollte, geriet ich folglich in Panik. Ich zerbrach mir den Kopf darüber, was ich falsch gemacht haben könnte. Nachdem ich deshalb einige Zeit unglücklich gewesen war, begann ich darüber wütend zu werden, daß er mich zurückwies, obwohl ich nichts falsch gemacht hatte. Dann fühlte ich mich verletzt.

Wenn er sich in seine Höhle zurückzog, wurde es immer sehr schwierig. Ich wollte reden, er aber nicht, und dann ärgerte er sich entweder über mich, oder er hörte mir überhaupt nicht richtig zu. Wenn ich ihm vorhielt, daß er nicht zuhörte, wurde alles nur schlimmer, und wir begannen zu streiten.

Er sagte mir zwar jedesmal, es sei alles in Ordnung, aber ich glaubte ihm nicht. Ich wußte doch von mir selbst, daß etwas nicht stimmte, wenn ich nicht reden wollte. Als ich jedoch die

Sache mit der Höhle las, sah auf einmal alles ganz anders aus. Es war für mich eine große Erleichterung, zu wissen, daß er mich trotzdem liebte. Ich hatte es nicht glauben können, bis ich erfuhr, daß dies nicht bloß eine Eigenheit von ihm war, sondern daß alle Marsianer sich regelmäßig in ihre Höhle zurückziehen.

Ich hatte nicht glauben können, daß er mich liebte, bis ich erfuhr, daß dies nicht bloß eine Eigenheit von ihm war, sondern daß sich alle Marsianer regelmäßig in ihre Höhle zurückziehen.

Ich war so froh über diese Entdeckung! Davor hatte ich immer geglaubt, er liebte mich weniger als ich ihn. Jetzt warte ich einfach, bis er wieder aus seiner Höhle herauskommt, und rede dann mit ihm. In dieser Zeit bringt er meist viel mehr Interesse für mich auf. Ich bin so dankbar, daß ich jetzt endlich meinen Marsmann verstehe.«

Es ist nicht meine Schuld

Von Anna hörten wir: »Wenn er in seiner Höhle war, glaubte ich immer, daß ich etwas falsch gemacht hätte; ich dachte, es läge an mir. Ich fühlte mich deshalb schuldig, und ich gab mir Mühe, besonders nett zu ihm zu sein. Ich tat alles nur Erdenkliche. Ich versuchte, das Haus besonders gründlich zu putzen, kochte ihm sein Lieblingsessen, bat ihn um nichts mehr – und wenn er dann immer noch in seiner Höhle blieb, wurde ich sehr wütend.

Wenn er in seiner Höhle war, glaubte ich immer, daß ich etwas falsch gemacht hätte; ich dachte, es läge an mir.

Es schien alles nichts zu nutzen. Nach einiger Zeit glaubte ich, daß ich wohl selbst schuld wäre, weil ich den falschen Mann gewählt hätte. Ich bin jetzt sehr erleichtert, zu wissen, daß ich einfach einen Marsianer geheiratet habe. Statt mich besonders um ihn zu bemühen, wenn er in seiner Höhle ist, lasse ich ihn einfach in Ruhe und tue etwas für mich selbst. Ich bin immer noch überrascht, daß er dann gar nicht böse auf mich ist. Er schätzt es, wenn ich ihm viel Raum lasse. Ich wäre ihm zwar gern öfter nahe, aber so ist es immer noch besser, als auf ihn wütend zu sein.

Es läßt mich hoffen, daß ein Mann immer weniger ›Höhlenzeit‹ braucht, je reifer er wird; ebenso wie eine Frau mit zunehmender Lebensklugheit autonomer wird und sich weniger verlassen vorkommt, wenn er sich zurückzieht. Ich glaube, daß er um so seltener in seiner Höhle ist, je weniger mich dies stört.«

Er ist um so seltener in seiner Höhle, je weniger mich dies stört.

Auch Venusfrauen brauchen eine Höhle!

Laura hatte eine großartige Erkenntnis: »Als ich das Bedürfnis meines Partners, ab und zu in seiner Höhle zu sein, einfach zu akzeptieren lernte, wurde nicht nur unsere Beziehung gelassener, sondern ich erfuhr auch etwas sehr Wichtiges über meine eigenen Bedürfnisse. Indem ich ihm die Möglichkeit gab, sich zu diesen Zeiten mit sich selbst zu beschäftigen, gewährte ich auch mir die Möglichkeit dazu. Wenn ich von der Arbeit nach Hause komme, stürze ich mich nicht mehr in meine Hausfrauenpflichten oder versuche, die liebevolle Ehefrau zu sein, sondern nehme mir etwas Zeit für mich selbst. Ich habe mir überlegt: Wenn er dies kann, dann kann ich es auch.

Indem ich ihm die Möglichkeit gab, sich zu diesen Zeiten mit sich selbst zu beschäftigen, gewährte ich auch mir die Möglichkeit dazu.

Meine Höhle sieht zwar ganz anders aus als seine, aber es ist trotzdem Zeit für mich, nicht für irgend jemand anderen. Wenn er Zeitung liest oder fernsieht, gehe ich spazieren oder arbeite im Garten. Das ist meine Höhle. Indem ich lernte, ihm seine ›Höhlenzeit‹ zu lassen, gönnte ich mir selbst etwas, was ich immer gebraucht, mir zuvor aber nie gestattet hatte.

PS: Ich bin aber immer noch eine Venusfrau – wenn wir aus unseren Höhlen herauskommen, nehme ich mir gerne Zeit zum Reden, und dann hört er mir auch zu.«

Ich brauche mehr Raum

Ähnlich klang es bei Carol: »Es ist ganz eigenartig mit diesem Rückzug in die Höhle – ich brauche das mehr als Jack. Ich habe viel mehr Privatsphäre nötig als er. Während er vor unserer Beziehung schon lange verheiratet war, verbrachte ich einige meiner glücklichsten Jahre allein. Ich brauche anscheinend mehr Raum. Ich glaube schon, daß er sich darüber ärgert, wenn ich mich manchmal in meine Höhle zurückziehe. Aber ich weiß inzwischen, wie ich ihn beruhigen kann, daß ich auch wieder herauskomme. Es ist kein Problem, solange ich nicht vergesse, alles, was er für mich tut, entsprechend zu würdigen. Wenn ich ihm und seinen Bedürfnissen gegenüber weniger aufmerksam bin, weil ich mich in meiner Höhle befinde, dann weiß er jetzt: Es liegt jedenfalls nicht daran, daß ich nicht zu schätzen wüßte, was er alles für mich tut.«

Ich bin gleich wieder da

Janie beschrieb, wie sie und ihr Mann ihr Verhalten änderten: »Nachdem mein Mann Pat und ich Ihre Bücher gelesen hatten, nahmen wir eine einzige kleine Veränderung vor, durch die sich unsere ganze Beziehung verwandelte.

Er erkannte, daß es für mich schwierig war, wenn er sich zurückzog. Ich will mich gerne darauf einstellen, daß er manchmal seine Höhle braucht, solange er nur weiß, welche Probleme ich damit habe und wie weh es manchmal immer noch tut. Wenn ich mich vernachlässigt und ignoriert fühle, benutzt er die Höhle nicht als Verteidigungswall oder Entschuldigung. Er versucht vielmehr zuzuhören und plant dann etwas Nettes, das wir zusammen unternehmen können.

Wenn ich mich vernachlässigt und ignoriert fühle, benutzt er die Höhle nicht als Verteidigungswall oder Entschuldigung.

Er braucht seine Höhle nicht aufzugeben, aber es ist nett, wenn er mir zeigt, daß ihm meine Gefühle nicht gleichgültig sind. Er zeigt mir auch, daß er mich mag, wenn er zum Beispiel sagt: ›Ich muß jetzt einfach eine Runde Auto fahren. Ich bin gleich wieder da.‹ Diese kleine Bemerkung ›Ich bin gleich wieder da‹ macht alles viel einfacher, und ich liebe ihn dafür.«

Aus der Höhle zurückkommen

Tom sprach über seine Selbstzweifel: »Ich bin seit sechsunddreißig Jahren verheiratet und glaubte immer, mit mir wäre etwas nicht in Ordnung. Als ich hörte, daß auch andere Männer eine Höhle haben, brach ich in Tränen aus. Ich hatte geglaubt, ich würde niemals in der Lage sein, eine Frau wirklich zu lieben. Ich hatte immer das Gefühl, daß meine Frau von mir sehr enttäuscht war. Ich versuchte stets, fürsorglich und aufmerksam zu sein, aber es kam nicht von innen heraus. Niemand hatte mir je gesagt, daß es in solchen Zeiten in Ordnung ist, sich in seine Höhle zurückzuziehen.

Wenn mir jetzt einmal nicht danach ist, mich herzlich und liebevoll zu geben, versuche ich dies erst gar nicht mehr vorzutäuschen und tue statt dessen etwas, was mir Spaß macht. Manchmal gönne ich mir ein Schläfchen, ein andermal gehe ich mit einem Freund ins Kino. Am nächsten Tag ist der Bann gebrochen, und ich kann mich wieder liebevoll um meine Frau kümmern. Wenn ich mich zurückziehe, ist sie jetzt nicht mehr so enttäuscht. Das ist eine große Erleichterung.

Wenn ich eine Weile in der Höhle war, achte ich immer darauf, nachher etwas Besonderes zu tun. Ich schenke ihr Blumen oder räume die Küche auf.

Ich bin so dankbar dafür, daß sie mich jetzt versteht, obwohl sie es immer noch nicht gut findet. Wenn ich eine Weile in meiner Höhle war, achte ich immer darauf, nachher etwas Besonderes zu tun oder ihr in irgendeiner Weise meine Zuneigung zu zeigen. Ich schenke ihr Blumen oder räume die Küche auf. Diese kleinen Dinge bewirken sehr viel, und sie weiß dann auch, daß ich wieder herzlich und liebevoll zu ihr sein kann.«

Sich über die Höhle amüsieren

Kyle hatte eine clevere Lösung: »Bevor ich an Johns Workshop teilnahm, ging ich immer in die Höhle meines Mannes und versuchte sie zu schmücken; ich hängte Bilder von mir auf und ließ Haarklammern und Nagellack herumliegen. Ich ahnte nicht, daß dies in Mars-City ein schwerer Verstoß ist, und Gary entfernte meine Nestbaugegenstände jedesmal aus seiner Höhle. Warum wollte er bloß nicht von persönlichen Dingen seiner liebenden Ehefrau umgeben sein? Dies mußte ich unbedingt wissen. Nachdem ich erfahren hatte, was dieser Zufluchtsort für Männer bedeutet, konnte ich loslassen und ihm geben, was er brauchte.

Gary war begeistert zu hören, daß es nicht nur in Ordnung, sondern sogar unbedingt notwendig war, sich seinen eigenen Raum zu schaffen. Als ich eines Tages nach Hause kam, hörte ich hinten am Haus penetrante Bohrgeräusche. Es stellte sich heraus, daß Gary dabei war, an der Tür des Raums, den er zu seiner Höhle erklärt hatte, ein Zylinderschloß anzubringen. Jetzt konnte er sich wirklich einschließen.

Außen an seiner Tür befestigte ich eine Klingelverzierung in Form eines großen häßlichen Gorillas. Wenn man den Kopf drückte, leuchteten dessen rote Augen auf, er riß das Maul auf und ließ ein Brüllen vernehmen. Gary warf meine Nestbausachen hinaus, aber den Gorilla fand er ganz lustig. Wir hatten beide verstanden. Wir nahmen die Sache mit der Höhle von der lustigen Seite, und ich lernte, es nicht persönlich zu nehmen. Gary braucht eben seine ›Höhlenzeit‹. Wenn die Tür zu ist, versuche ich nicht mehr hineinzukommen.«

Die Höhle akzeptieren

Rose erzählte, wie sie die Höhle zu verstehen lernte: »Bevor ich Ihr Buch las, machte ich alles falsch. Wenn mein Mann in die Höhle ging, mußte ich ihm folgen. Ich glaubte, daß dies das richtige wäre. Ich hielt es für meine Aufgabe, hineinzugehen und ihn wieder herauszuholen. Ich glaubte, keine liebevolle Frau zu sein, wenn ich es nicht täte.

Zwanzig Jahre lang unternahm ich alles mögliche, um in seine Höhle zu gelangen. Es war, als setzte ich Dynamit ein, um seine Höhle in die Luft zu sprengen.

Es war, als setzte ich Dynamit ein, um seine Höhle in die Luft zu sprengen.

Als sich der Rauch und der Staub verzogen hatten, sah ich mich in seiner Höhle um, aber er war immer noch nicht da. Er war mir durch einen Tunnel entwischt.

Jetzt lasse ich ihn einfach an seinen Zufluchtsort gehen. Er kommt von selbst wieder heraus. Ich mußte bitteres Lehrgeld bezahlen. Was ich auch tat, um ihn aus seiner Höhle herauszubekommen, machte alles nur schlimmer. Wenn er jetzt dorthin geht, gehe ich einkaufen. Heute sind wir beide viel glücklicher. Wir lieben uns wieder.«

Fliegende Höhlen

Lynette berichtete: »Es tat mir immer sehr weh, wenn Chris allwöchentlich wieder zur Arbeit ging. Wir hatten oft wunderbare Wochenenden voller Liebe miteinander, und am nächsten Tag war er weg. Es tat mir weh, weil ich glaubte, daß er seinen Beruf mehr liebte als mich. Er fehlte mir schon, wenn er noch gar nicht fort war. Ich wurde traurig, er aber war glücklich und begeistert. Ich konnte partout nicht verstehen, warum er nicht länger bei mir bleiben wollte.

Seitdem ich weiß, daß Marsianer einfach unabhängig sein müssen und Abenteuer brauchen, nehme ich es nicht mehr so persönlich, wenn er unbeschwert von mir Abschied nimmt. Als ich von der Höhle hörte, wurde mir klar, daß das Flugzeug seine ›fliegende Höhle‹ war. Wenn er jetzt begeistert weggeht, weiß ich, daß er sich nicht deshalb so freut, weil er mich verläßt, sondern weil ihn das Abenteuer lockt.

Statt ihm böse zu sein, weil er einige Tage fortgeht, lasse ich ihm jetzt seine ›Höhlenzeit‹, weil er dann, wenn er wieder bei mir ist, wirklich ganz da ist.«

Erwartungen ändern

Krista erzählte: »Nachdem ich erfahren hatte, was es mit Männern und ihren Höhlen auf sich hat, änderten sich auch meine Erwartungen. Wenn er fern und abwesend zu sein scheint, gerate ich nicht mehr in Panik. Ich weiß, daß es vorübergeht. Ich sage ›Stopp‹ zu allen meinen automatischen Reaktionen wie zum Beispiel: ›Es ist meine Schuld, ich habe etwas falsch gemacht, er liebt mich nicht, ich habe ihm irgend etwas nicht recht gemacht, ich bin ihm nicht mehr so wichtig wie früher.‹

Jetzt weiß ich, daß er einfach auf dem Marstrip ist. Es hat gar nichts mit mir zu tun. Es bedeutet nur, daß er im Augenblick wenig Liebe geben kann und sich die nötige Zeit nimmt, um sich wieder wohler in seiner Haut zu fühlen. Er braucht ein wenig Freiraum für sich selbst, damit er mir anschließend wieder die Liebe und Aufmerksamkeit schenken kann, die ich brauche.«

Der Mann meiner Träume

Von Lucy hörten wir folgende Geschichte: »Am 30. Mai 1991 begegnete ich dem Mann meiner Träume. Er heißt Peter Clark. Ein Jahr später haben wir geheiratet, und wir haben jetzt drei Söhne. Ich liebe ihn noch immer. Jeden Morgen werde ich von einem Mann geweckt, der sich um mich kümmert, bevor er zur Arbeit geht. Am Ende eines hektischen Tage sind wir glücklich, uns einfach in den Armen liegen zu können. Er versteht meine venusianischen Bedürfnisse, und ich habe seine marsianischen verstehen gelernt. Das Leben ist schön, wenn Venus und Mars einander lieben.

Aber man muß etwas für diese Seligkeit tun und manchmal auch geschickt sein.

Peter hat viele besondere Eigenschaften, die mich zu einer glücklichen Venusfrau machen. So hört mein Mann zum Beispiel *jedem meiner Worte* zu. Ich weiß, das glauben Sie vielleicht nicht… es ist so ›unmarsianisch‹! Aber selbst wenn ich minutenlang plappere, eine halbe Stunde, ja sogar stundenlang, hört er mir geduldig zu, während ich jeden Gedanken, jede Gefühlsregung und jedes Detail wiedererlebe und wiederhole, das ich erlebt habe. Er wirkt dabei nicht nervös oder zerstreut und gibt mir nicht das Gefühl, daß ich zuviel von ihm verlange. Er hört sich einfach alles an. Er gibt auch keinen Rat und macht keine klugen Lösungsvorschläge. Peter war von Beginn unserer Beziehung an ein zuhörender Marsianer. Ich *mußte* mich ganz einfach in ihn verlieben!

Als ich von seiner Höhle hörte, war dies eine große Hilfe für unsere Beziehung. Ich verstehe jetzt, warum er manchmal so aufmerksam ist, sich ein andermal aber auch tagelang zurückziehen kann. Davor hatte ich immer das Gefühl, daß er mich während dieser Perioden aus irgendeinem geheimnisvollen Grund ablehnte.

Eines Abends, als er sich seit Tagen zurückgezogen hatte,

schlang ich die Arme um seinen Hals und fragte ihn: ›Liebster, bist du in deiner Höhle?‹

›Äh, ich glaube, ja‹, antwortete er.

›Es wird allmählich einsam hier draußen‹, sagte ich.

›Oh, das tut mir leid.‹ Und nach kurzem Zögern fügte er hinzu: ›Aber du mußt wissen, daß dein Bild die ganze Zeit an der Wand hing, als ich in meiner Höhle war.‹

›Aber du mußt wissen, daß dein Bild die ganze Zeit an der Wand hing, als ich in meiner Höhle war.‹

Ach ja, das war laut und deutlich und mitten in mein venusianisches Herz gesprochen! Was mich betraf, konnte er jetzt noch einmal eine ganze Woche in seine Höhle gehen, und ich würde trotzdem wissen, daß ihm unsere Beziehung wichtig war.«

Gelebte Verbundenheit

Pams Geschichte erstreckte sich über einen Zeitraum von fast sechsunddreißig Jahren. »Ich möchte Ihnen von unserer Liebesgeschichte berichten, weil sie vielleicht zeigen kann, was gelebte Verbundenheit bedeutet. Doch zunächst möchte ich mich und meinen Mann vorstellen. Wir sind seit achtunddreißigeinhalb Jahren verheiratet und haben fünf Kinder und fünf Enkel. Wir haben zweimal den Beruf gewechselt: zuerst Lehrer, dann Besitzer eines Elektrogeschäfts und schließlich Seelsorger an zwei Kirchen. Als wir uns verliebten und 1957 heirateten, war mein Mann seit vier Jahren auf dem College und hatte noch zwei Jahre bis zum Abschluß vor sich (er hatte das Hauptfach gewechselt). Danach erwarb er noch drei weitere akademische Titel.

In diesen ersten Jahren gebar ich alle zwei Jahre ein Kind. Trotzdem waren wir unverändert verliebt und voller Leidenschaft. Nach heutigen Begriffen haben wir sehr jung geheiratet, mit zwanzig und zweiundzwanzigeinhalb. Aber wir hatten verstanden, was ›Bindung‹ bedeutet, nämlich eine lebenslange Verpflichtung, was auch immer geschehen sollte. Diese Verpflichtung half uns, mit unseren Unterschieden zurechtzukommen.

Diese Verpflichtung half uns, mit unseren Unterschieden zurechtzukommen.

Nachdem wir einige Jahre verheiratet waren, entdeckten wir verblüfft, daß wir völlig gegensätzlich waren. Er ist Herr Saubermann, und ich bin die Königin des Trödels. Er kann nichts unerledigt lassen; ich lasse gerne einmal etwas liegen. Er muß allein sein, um sich zu regenerieren, und ich kann nicht länger als eine Stunde ohne Gesellschaft sein. Es gab Auseinandersetzungen, aber unser Versprechen, eine dauerhafte Ehe zu führen, half uns, eine Lösung zu finden. Diese bestand immer wieder darin, den anderen zu akzeptieren und ihn so sein zu lassen, wie er ist.

Es beruhigt mich jetzt zu wissen, daß Warren, wenn er in seine Höhle geht, sich bloß wie ein Mann verhält, daß sein Rückzug nichts mit mir zu tun hat und er wiederkommen wird. Wir haben sogar darüber gescherzt, daß er sich ein Schild umhängen sollte mit der Aufschrift: ›In der Höhle/aus der Höhle.‹

Einmal wagte ich mich ahnungslos ungebeten in seine Höhle, als ich versuchte, ihm bei einem Problem mit seinem Computer zu helfen. Oh, das war ein großer Fehler! Wenigstens konnte ich mir dann klarmachen, warum er so wütend war.

Ich habe allmählich gelernt, zu akzeptieren, daß er allein sein muß, um sich zu regenerieren, während ich nicht länger als eine Stunde ohne Gesellschaft sein kann.

Warren zu akzeptieren und ihn so sein zu lassen, wie er ist, ist ein Wachstumsprozeß. Unterschiede sind kein Manko – sie halten die Leidenschaft lebendig. Sein Bedürfnis, sich zurückzuziehen, bedeutet nicht, daß er unsere Beziehung nicht ernst nähme. Unsere Liebe zueinander ist gewachsen, erblüht und zur Reife gelangt.

Wir haben die Herausforderungen der Ausbildung, der beruflichen Veränderungen, der Erziehung von fünf Kindern, der Gegensätze zwischen Mann und Frau und der Unterschiede der Persönlichkeit und des Temperaments bewältigt, und wir sind jetzt alte Eltern, dankbar für das Wort und den Prozeß der unerschütterlichen gegenseitigen Verbundenheit, die unsere Liebe nie erlöschen ließ.

Liebe allein genügt nicht, damit eine Ehe gelingt; nötig sind auch Bindungswille, Wissen, Fähigkeiten, Einsicht und ›Werkzeug‹. Wir brachten die Liebe und die Verbundenheit mit, John Gray vermittelte uns das Wissen, die Kommunikationsfertigkeiten, die Einsichten und die ›Werkzeuge‹.«

Er rief nie an

Josie lernte, wie sie mit einem belastenden Problem umgehen konnte: »Wenn Harold auswärts arbeitete, rief er nie an. Ich konnte es kaum glauben, daß er nicht mit mir sprechen wollte. Dies verletzte mich immer so sehr, daß ich meinerseits nicht mit ihm redete, wenn er wieder nach Hause kam. Ich konnte mich einfach nicht öffnen, nachdem er mich so ignoriert hatte.

Er brachte seinerseits kein Verständnis für meine Haltung auf. Er sagte: ›Falls ich dir wirklich so fehle, wenn ich weg bin, warum zeigst du mir dann die kalte Schulter, wenn ich wieder nach Hause komme? Ich würde eher erwarten, du bist glücklich darüber, daß wir wieder beisammen sind.‹ Sein ›logisches‹ Argument überzeugte mich jedoch nicht.

Nachdem ich ›Männer sind anders. Frauen auch.‹ gelesen hatte, konnte ich die Sache in einem anderen Licht betrachten. Davor nahm ich es persönlich, aber jetzt weiß ich, es liegt einfach daran, daß er genug mit seiner Arbeit zu tun hat, nicht daran, daß er nicht mit mir reden will. Auch wenn er nicht anruft, freut er sich trotzdem darauf, wieder nach Hause zu kommen und bei mir zu sein.

Ich sagte ihm, es sei in Ordnung, wenn er nicht anriefe, daß ich mich aber trotzdem freuen würde, wenn er es täte. Jetzt ruft er manchmal an, manchmal auch nicht. Es ist jedenfalls kein Problem mehr. Wenn er sich meldet, nehme ich es nicht für selbstverständlich – ich mache ihm deutlich, wie sehr ich mich darüber freue.«

Ärger beherrschen

Carolynn beschrieb, wie sie die Kommunikation mit ihrem Mann verbesserte: »Ich bin neunundzwanzig und derzeit Studentin. Mein Mann Frank ist sechsunddreißig. Nachdem wir ›Männer sind anders. Frauen auch.‹ gelesen hatten, kommunizieren wir auf eine neue Weise miteinander. Ich möchte Ihnen vom Januar 1994 erzählen, als wir zehn Jahre zusammen waren.

Frank und ich hatten uns all die Jahre wirklich geliebt, aber mittlerweile waren einige schwerwiegende Probleme aufgetaucht. Er war ein sehr jähzorniger Mensch, und ich war äußerst kritisch und anspruchsvoll. Anfang 1994 kam es zur größten, erbittertsten und, ja, auch gewalttätigsten Auseinandersetzung unserer Beziehung. Wir trennten uns im Wissen, daß wir einander sehr liebten, aber einfach etwas falsch machten, was unsere Kommunikation betraf. Frank schloß sich einer ›Zornbewältigungsgruppe‹ an, und ich konsultierte einen Therapeuten. Acht Monate später konnten wir glücklich sagen, daß wir den dysfunktionalen Teil unserer Beziehung unter Kontrolle hatten. Frank hatte verschiedene Techniken gelernt, um mit seinem Zorn umzugehen (zum Beispiel Timeouts [Auszeiten], körperliches

Abreagieren und so weiter), und ich hatte erfahren, daß meine eigenen urteilenden und kritischen Bemerkungen zumeist nur Ausdruck meiner Unsicherheiten waren, die an die Oberfläche kamen.

Wir hatten die größte, erbittertste und, ja, auch gewalttätigste Auseinandersetzung unserer Beziehung.

Nachdem diese großen Hindernisse aus dem Weg geräumt waren, glaubten wir, jetzt eine perfekte Beziehung haben zu können. Doch von wegen! Wir bekamen noch größere Schwierigkeiten – nämlich Kommunikationsprobleme. Frank zog sich immer wieder in seine Höhle zurück, was mich jedesmal ärgerte, und ich versuchte, ihn wieder herauszuholen. Diese schwierigen Probleme ließen uns zweifeln, ob wir einander wirklich liebten.

Zum Glück empfahl mir mein Therapeut die Lektüre von ›Männer sind anders. Frauen auch.‹ Frank und ich vereinbarten, jede Woche miteinander ein Kapitel zu lesen, aber schon das erste Kapitel ließ uns nicht mehr los. Seither hat sich unser Leben verändert. Ich lasse ihn in seiner Höhle und weiß, daß er tut, was er tun muß, so daß wir uns später in einer verständnisvolleren und einfühlsameren Weise miteinander unterhalten können. Wir streiten immer noch manchmal, aber wir lernen und wachsen jetzt dadurch.

Wenn ich nicht mehr aufhöre zu ›quasseln‹, dann weiß Frank nun, daß ich reden muß, um mir über etwas klarzuwerden, was mich beschäftigt. Er denkt dann daran, daß wir von unterschiedlichen Planeten stammen, und widersteht der Versuchung, mir ›auf die Sprünge zu helfen‹. Wenn er manchmal in seine Höhle gehen muß, weiß ich jetzt, daß er mich dennoch liebt und wieder zurückkommt.

Ich habe Dr. Grays Rat befolgt und sage Frank zum Beispiel: ›Hör mal, ich fühle mich wieder so unruhig und gereizt, ich tue jetzt etwas für mich allein.‹ Dann gehe ich beispielsweise einkaufen oder rufe eine Freundin an. Dies entlastet wiederum Frank. Wie Dr. Gray in einem seiner Vorträge sagte, wird der Mann um so seltener in seine Höhle gehen, je mehr man täglich Kommunikationstechniken praktiziert; und wenn er es tut, kommt er schneller wieder heraus.

›Hör mal, ich fühle mich wieder so unruhig und gereizt, ich tue jetzt etwas für mich allein.‹

Es gibt immer noch Zeiten, in denen Spannungen auftreten. Es gelingt uns aber jedesmal besser, mit unseren Emotionen umzugehen. Ein kluger Mensch hat mir einmal gesagt: ›Carolynn, du und Frank, ihr habt zehn Jahre gebraucht, um zu einer befriedigenden Kommunikationsform zu finden. Gönnt euch mindestens noch einmal die Hälfte dieser Zeit, um dies einzuüben und zu vervollkommnen.‹ Dank Dr. Gray haben wir gelernt, aufrichtig und wirkungsvoll miteinander zu kommunizieren. Davor wußten wir nicht einmal, wie man überhaupt den Versuch zu einem klärenden Gespräch unternimmt. Wir beide haben von unseren Eltern gelernt, daß man brüllt, sich aufregt und schlägt, wenn man sich über seinen Partner ärgert. Sie machten uns glauben, daß man sich niemals eine Blöße geben darf, indem man seinem Partner sagt, wie traurig oder verletzt man ist.

Danke, Dr. Gray, daß Sie ein Buch geschrieben haben, mit dem man ganz einfach lernen kann, wie man nett zueinander ist. Wenn einem niemand sagt, wie man in einer Beziehung richtig kommuniziert, dann weiß man es einfach nicht. Wir wissen es jetzt, und wir schauen immer noch gerne in Ihr Buch.«

Ich war in Gedanken immer bei meiner Arbeit

Ross berichtete darüber, daß er sich ändern mußte: »Meine Frau Brenda klagte ständig darüber, daß ich ihr nicht zuhörte. Und sie hatte recht. Ich versuchte, ihr zuzuhören, aber nach einigen Minuten war ich wieder mit meiner Arbeit beschäftigt. Ich konnte mich nicht von meinem Job losreißen.

Nachdem ich das Buch ›Männer sind anders. Frauen auch.‹ gelesen hatte, wurde mir klar, daß ich keine Höhle hatte. Wenn ich nach Hause kam, war ich in Gedanken immer noch im Büro. Ich brauchte irgendeine Ablenkung, damit ich mich vom Druck der Arbeit befreien konnte. Ich brauchte eine ›Höhlen-Beschäftigung‹.

Ich brauchte irgendeine Ablenkung, damit ich mich vom Druck der Arbeit befreien konnte.

Wenn ich jetzt nach Hause komme, spiele ich etwa zwanzig Minuten auf dem Keyboard oder höre einfach ein wenig Musik. Mehr brauche ich nicht, um mich zu entspannen und meine Termine zu vergessen. Dann gehe ich zu Brenda, um ihr etwas zu helfen oder mich einfach mit ihr zu unterhalten. Jetzt kann ich ihr zuhören, ohne abgelenkt zu sein. Sie weiß es zu schätzen, daß sie meine ganze Aufmerksamkeit hat, und sie stört mich nicht, wenn ich in meiner Höhle bin.«

Gesunde Vertrautheit

Candice machte eine wichtige Entdeckung: »Ich träumte immer davon, daß ich mich eines Tages in meinen Märchenprinzen verliebte, wir uns immer näher kämen und miteinander alt würden.

Die Wirklichkeit sah jedoch so aus, daß mir immer neue Männer begegneten, aber keiner meine Idealvorstellung erfüllte. Alle, denen ich begegnete, scheuten den vertrauten Umgang miteinander. Wir kamen uns zwar immer näher, doch dann entfernten sie sich wieder von mir. Wann würde ich endlich jemanden finden, der keine jahrelange Therapie brauchte?

Ich wollte einen Mann, der sich mir öffnen und mir sein Herz und seine Seele ausschütten konnte. Ich wollte ein Team mit ihm sein. Ich stellte mir vor, daß wir alle unsere Gefühle, Sorgen und Bedürfnisse miteinander teilen würden. Ich wollte jemanden, der sich auf mich verließ und auf den ich mich verlassen konnte. Aber bei jeder Beziehung begann sich der Partner nach einigen Monaten zurückzuziehen. Wenn ich versuchte, mit ihm zu reden, gab es ›nichts‹ zu besprechen, oder er fühlte sich bemuttert.

Es war für mich eine große Überraschung, als ich erfuhr, daß diese Männer weder Angst vor Nähe hatten noch eine jahrelange Therapie brauchten – sie waren einfach vom Mars. Auf einmal sah alles ganz anders aus! Wenn sich mein Freund jetzt zurückzieht, gerate ich nicht mehr in Panik, und vor allen Dingen überhäufe ich ihn nicht mit Fragen und versuche nicht, ihn zum Sprechen zu bewegen.

Die Männer hatten weder Angst vor Nähe, noch brauchten sie eine jahrelange Therapie – sie waren einfach vom Mars.

Ich habe jetzt eine wunderbare Beziehung. Die meiste Zeit bekomme ich genau, was ich möchte; ansonsten lasse ich es einfach gut sein und vertraue darauf, daß er von selbst wieder aus seiner Höhle herauskommen wird. Sehr zu meiner Überraschung tut er das auch tatsächlich jedesmal. Ich hatte immer geglaubt, die Männer in meinem Leben liefen vor mir davon. Nachdem ich von der Geschichte mit der Höhle gehört hatte, war mir klar, daß ich selbst sie vertrieben hatte. Ich bin so dankbar dafür, daß ich jetzt weiß, wie eine gesunde Beziehung aussieht, die man durch ein Gleichgewicht von gemeinsamer und getrennter Zeit erreicht, eine liebevolle Mischung von Unabhängigkeit und gegenseitigem Aufeinander-angewiesen-Sein.«

Wann ist man zu lange in der Höhle?

Sally brauchte Signale: »Ich fragte mich immer, wann man zu lange in der Höhle ist. Allmählich wurde mir klar, daß es hier kein festes Maß gibt. Manchmal sind es Wochen, manchmal nur Stunden. Was mich am meisten frustrierte, war, daß ich nicht wußte, wann er sich wieder außerhalb der Höhle befand. Ich wollte ihn nicht ignorieren und ihm Freiraum geben, wenn er ›draußen‹ war.

Ich fand Ihre Idee hilfreich, klare Signale zu vereinbaren. Jetzt läßt er mich wissen, wenn er wieder zurückgekehrt ist. Er berührt mich und ist zärtlich. Er weiß auch, daß ich um so mehr Zuwendung brauche, je länger er in seiner Höhle war, um mich wieder ganz für ihn öffnen zu können. Es ist schon schwierig, es nicht persönlich zu nehmen, wenn man plötzlich ignoriert wird. Indem ich lernte, in solchen Zeiten loszulassen, nahm ich nicht nur den Druck von ihm, sondern empfand auch selbst weniger Bedürfnis nach Zuwendung. Es ist mir deutlich geworden, daß er um so leichter wieder aus seiner Höhle herauskommt, je weniger ich auf Nähe und Vertrautheit dränge.«

Nicht die Ehe der Eltern wiederholen

Mary erkannte, daß es Alternativen gab: »Als ich Stephen heiratete, wollte ich auf keinen Fall eine Ehe, wie sie meine Eltern geführt hatten. Aber nach einigen Jahren stellte ich fest, daß ich genau dasselbe tat wie meine Mutter.

Ich bin mir sicher, daß sie so war, weil sie es nicht besser wußte: Wenn sich mein Vater in seine Höhle zurückzog, bedrängte sie ihn, lag ihm in den Ohren, stellte ihm dauernd Fragen und kritisierte ihn wegen seines Rückzugs. Sie gab ihm die Schuld daran, daß sie sich unglücklich fühlte; sie zog sich schließlich selbst zurück und redete nicht mehr mit ihm.

Wenn sich mein Vater in seine Höhle zurückzog, bedrängte meine Mutter ihn, lag ihm in den Ohren, stellte ihm dauernd Fragen und kritisierte ihn wegen seines Rückzugs.

Ich hatte mir fest vorgenommen, daß wir miteinander reden und alle Probleme gemeinsam lösen würden. Aber ich wußte noch nichts von der Höhle. Als sich Stephen zurückzog, versuchte ich also, ihn zum Sprechen zu bringen. Schließlich begann ich ihn zu bedrängen, lag ihm in den Ohren und stellte ihm dauernd Fragen – genau wie Mama. Ich hatte das Gefühl, daß er nicht kooperativ war, und machte ihm bald Vorwürfe. Ich hatte das Gefühl, meinen Vater geheiratet und zu meiner Mutter geworden zu sein.

Als ich ›Männer sind anders. Frauen auch.‹ las, entdeckte ich, daß er *nicht* mein Vater war, aber daß sie etwas gemeinsam hatten – sie stammten vom Mars. Jetzt habe ich eine Alternative. Davor wußte ich nicht, daß es auch anders geht, und tat ich, was auch meine Mutter getan hatte.«

Die Sprachbarriere

Männern, die meine Bücher gelesen oder die Videos meiner Seminare gesehen haben, fällt oft dasselbe auf: Für sie besteht die interessanteste Einsicht in der Entdeckung, daß Frauen aus anderen Gründen kommunizieren als Männer. Es scheint manchmal, daß wir verschiedene Sprachen sprechen.

Frauen benutzen nicht anders als Männer Worte, um Argumente vorzubringen und Probleme zu lösen. Sie nutzen ein Gespräch aber auch als Weg, um zu entdecken, was sie sagen wollen: Zuweilen sprechen sie über ihre Gefühle, um sich über irgend etwas Klarheit zu verschaffen, damit sie sich wieder besser fühlen. In anderen Situationen haben sie hingegen das Bedürfnis, ihre Empfindungen mitzuteilen und auszudrücken, um Nähe zu schaffen, um mehr Vertrautheit zu erreichen.

Männer verstehen diese unterschiedlichen Formen des Sprechens normalerweise nicht instinktiv, weil für sie Sprache in erster Linie dazu dient, Argumente vorzubringen. Wenn sie über Probleme reden, dann möchten sie in aller Regel eine Lösung. Ein Mann nimmt deshalb oft irrtümlich an, daß eine Frau von ihm Lösungen erwartet, wenn sie ihm von ihren Gefühlen und Problemen erzählt. Er glaubt, die Feuerwehr spielen und den Brand so schnell wie möglich löschen zu müssen.

Wenn sie aufgeregt ist, möchte er das Feuer ihrer Gefühle löschen, indem er ihr Lösungen anbietet.

Geduldig – und nicht nur *erduldend* – zuzuhören ist eine Fertigkeit, die Männer vielfach erst noch lernen müssen. Und doch berichten Männer immer wieder, daß sich ihre Beziehung einfach dadurch entscheidend verbessert hat, daß sie sich ruhig verhielten und dem kaum zu bezähmenden Drang widerstehen konnten, eine Frau mit Patentrezepten zu unterbrechen. Ihre Partnerinnen sind viel zufriedener, denn sie schätzen dies sehr. Glücklich der Mann, der entdeckt, daß die wichtigste Voraussetzung für eine liebevolle und harmonische Beziehung ist, einer Frau Raum für ihr Mitteilungsbedürfnis zu geben und ihr zuzuhören. Wenn er gut zuhören kann, dann findet sie auch immer wieder den Ort in ihrem Herzen, an dem ihre Liebe wurzelt und der es ihr erlaubt, auch ihn einfach so zu nehmen, wie er ist.

Die Kommunikation erleichtern

Art erzählte: »Ich konnte nie begreifen, warum Lindsay immer soviel über dieselben Probleme redete, vor allem, wenn ich nichts daran ändern konnte. Es war für mich eine große Erleichterung, als ich hörte, daß sie gar keine Lösung von mir erwartete. Dies erleichterte die Kommunikation ganz erheblich. Wenn ich nichts weiter zu tun brauchte, als zuzuhören, und ihre Schwierigkeiten nicht lösen mußte, dann konnte ich das ohne weiteres tun.

Nachdem ich schon den ganzen Tag Probleme aus der Welt geschafft habe, will ich nicht abends nach Hause kommen und mit neuen konfrontiert werden. Wenn sie über Probleme redete, glaubte ich immer, ich hätte noch mehr Aufgaben, bevor ich mich endlich zurücklehnen könnte. Jetzt höre ich einfach zu und entspanne mich, weil ich weiß, daß es ihr allein schon deshalb bessergeht, weil sie das Gefühl hat, es hört ihr jemand zu.«

Das Falsche sagen

Les lernte, seinen spontanen Drang zu einer Reaktion zu beherrschen: »Als Gloria darüber redete, wie es ihr den ganzen Tag über mit den Kindern ergangen war, war alles verkehrt, was ich antwortete. Sie fühlte sich falsch verstanden, nicht genügend geschätzt und angegriffen. Ich verstand es nicht. Sie war diejenige, die ständig reden wollte, aber sooft wir miteinander sprachen, waren wir am Ende beide frustriert. Sie beklagte sich, daß ich ihr nicht zuhören würde, aber wenn ich etwas sagte, wurde alles nur schlimmer.

Ich sagte schließlich überhaupt nichts mehr. Wenn sie redete, schaltete ich nach einiger Zeit einfach ab. Es langweilte mich nur. Ich hatte das Gefühl, daß sie immer dasselbe sagte, und es interessierte mich überhaupt nicht. Als sie ›Mars, Venus und Partnerschaft‹ las, wurde alles anders.

Sie sagte mir, daß sie es wirklich schätze, wenn ich ihr zuhörte, wie sie ihre Gefühle mitteilt, und daß ich wirklich nichts zu antworten brauche.

Sie sagte mir, daß sie es wirklich schätze, ihre Gefühle mitteilen zu dürfen, und daß ihr klar sei, wie schwierig es für mich sei, einfach zuzuhören. Vor allem, weil sie gar nicht erwarte, daß ich ihr Lösungen anbot; es würde ihr auch helfen, wenn ich nur zuhörte und nichts antwortete.

Ich sage jetzt nichts mehr. Wenn ich weiß, daß ich ihr damit helfe, sieht alles ganz anders aus. Ich mag es, wenn sie sagt: ›Danke fürs Zuhören – es hilft mir sehr.‹ Es ist jetzt anders, weil ich weiß, daß ich ihr genau dasjenige gebe, was sie braucht, indem ich einfach zuhöre. Ich fange jetzt langsam an, wacher für ihr Leben zu sein und mehr Interesse aufzubringen. Es ist mir klargeworden, daß ich ihre Probleme gar nicht zu lösen brauche und sie sich trotzdem besser fühlt. Jetzt freuen wir uns beide darauf zusammenzusein. Sie hat das Gefühl, daß ich sie liebe, und ich kann ihr helfen.«

Eine Blaupause für Beziehungen

Danny verstand, warum er und seine Frau sich stritten: »Wir waren seit vierzehn Jahren verheiratet. Wir liebten einander, aber wir stritten die ganze Zeit. Ich glaubte, daß Marsha einfach zu negativ war. Nachdem wir einige Jahre zur Eheberatung gegangen waren, gaben wir es schließlich auf und trennten uns. Dann las ich ›Männer sind anders. Frauen auch.‹ Ich konnte es gar nicht fassen, daß Frauen über ihre Gefühle und Probleme sprechen müssen, damit sie sich glücklicher fühlen und liebevoller sein können.

Ich konnte es gar nicht fassen, daß Frauen über ihre Gefühle und Probleme sprechen müssen, damit sie sich glücklicher fühlen und liebevoller sein können.

Ich hatte ihre ›Gefühle‹ immer als einen unangemessenen Versuch betrachtet, mich zu kritisieren. Ihre Äußerungen gaben mir das Gefühl, daß ihr nichts recht war, was ich tat. Nachdem ich erfahren hatte, daß Venusfrauen einfach das Bedürfnis haben zu reden, war es mir mit einemmal möglich, dies alles nicht mehr so persönlich zu nehmen. Es wurde mir klar, daß ich der Negative war. Sie sprach einfach über ihre Gefühle und ich reagierte unangemessen darauf. Dies schaukelte sich dann so auf, daß wir uns schließlich häßliche Worte an den Kopf warfen.

Ich rief sie an und sagte ihr, was ich jetzt wußte. Sie war interessiert, und wir gingen miteinander essen. Es war großartig –

plötzlich waren wir einer Meinung. Wir fanden Worte für unsere Gefühle und positive Möglichkeiten, einander zu unterstützen. Davor hatten wir uns zwar auch geliebt, aber wir konnten dies nicht in einer konstruktiven Weise mitteilen. Ich hörte einfach nicht richtig zu.

Ich benutze jetzt ›Männer sind anders. Frauen auch.‹ als Blaupause für unsere Beziehung. Man kann ja auch ohne einen Plan kein Haus bauen. Ich glaube, daß ich einfach aufgegeben hatte, weil ich nicht mehr wußte, was ich tun sollte. Jetzt habe ich ein Konzept, nach dem ich an unserer Beziehung arbeiten kann. Ich möchte Ihnen von ganzem Herzen danken. Sie haben mir das Kostbarste in meinem Leben zurückgegeben.«

Lernen, was auf der Venus Sitte ist

Martha hatte einige Anmerkungen zum Zuhören: »Als mir klar wurde, daß es Männern schwerfällt, gut zuzuhören, schätzte ich Rogers dahin gehende Versuche um so mehr. Ich dachte jetzt nicht mehr, daß seine Zuneigung zu gering wäre, um mir zuzuhören. Ich wußte nun, daß er nicht deshalb Lösungen anbot, weil ihm zu wenig an mir liegt, sondern weil ihm nicht bewußt war, was ich wirklich brauchte.

Er bietet nicht deshalb Lösungen an, weil ihm zu wenig an mir liegt, sondern weil ihm nicht bewußt ist, was ich wirklich brauche.

Er kommt ja vom Mars und muß sich erst mit den Gebräuchen auf der Venus vertraut machen! Alte Gewohnheiten sind nicht so schnell zu ändern. Doch ich helfe ihm, indem ich lächle und sage: ›Ich muß jetzt einfach mal richtig venusianisch sein, aber du brauchst gar nichts zu sagen.‹ Er beginnt dann nicht wie früher, sich zu verteidigen, sondern lächelt seinerseits und sagt: ›Ach so.‹ Und damit hat es sich. Ich rede, und er hört zu.«

Er entschuldigte sich für seine Empfindungslosigkeit

Margaret erzählte: »Wenn ich über Dinge zu reden begann, die mir Kopfzerbrechen bereiteten, sagte Tom entweder: ›Wo liegt das Problem?‹ oder ›Nicht schon wieder!‹ Dann hatte ich schon keine Lust mehr, etwas zu sagen. Nach einiger Zeit mochte ich ihn nicht mehr. Nachdem er Ihr Buch gelesen hatte, entschuldigte er sich für seine Empfindungslosigkeit. Er sagte mir, daß er mir ab jetzt zuhören und mir nicht mehr das Wort abschneiden wolle. Nicht zu fassen! Jetzt änderte sich alles. Ich freue mich nun darauf, bei ihm zu sein. Ich liebe ihn nicht nur, sondern ich mag ihn auch.«

Ich wollte kein Lippenbekenntnis

Von Jessica kam folgender Bericht: »Als ich John Gray zum erstenmal hierüber reden hörte, gefiel mir dies gar nicht. Das letzte, was ich wollte, war ein Mann, der mir zuhörte, obwohl er keine Lust dazu hatte. Ich wünschte mir einen, der mir zuhören *wollte*, nicht nur ein Lippenbekenntnis. Er sollte so viel für mich übrig haben, daß es ihn auch interessierte, was ich zu sagen hatte. Es schien mir erniedrigend, einen Mann zum Zuhören zu bitten, wenn mir klar war, daß er dazu eigentlich gar keine Lust hatte. Die bloße Vorstellung, wie er hin und wieder mit dem Kopf nickte und mechanisch sagte: ›Aha... mhm... soso‹ – nein, das war nicht meine Idee von Nähe und Vertrautheit. Dann probierte ich es aber doch aus und war erstaunt – ich fühlte mich danach wirklich besser.

Ich wollte nicht, daß mir ein Mann zuhörte, der eigentlich keine Lust dazu hatte.

Ich genoß es, einmal reden zu können, ohne unterbrochen zu werden. Dies war vorher noch nie der Fall. Auf einmal führte niemand mehr meine Sätze zu Ende, niemand bot mir Lösungen an, niemand gab defensive Kommentare. Es war großartig. Ich habe jetzt nicht mehr das Gefühl, daß er nicht zuhören will, sondern ich weiß, daß er dies gern tut, weil er mir helfen möchte. Er will vielleicht nicht unbedingt zuhören, aber er möchte mir helfen, und dies gibt mir das Gefühl, geliebt zu werden.«

Sie hatte das Problem, nicht ich

Steve beschrieb seinen Lernprozeß: »Sooft ich versuchte, mit meiner früheren Frau zusammenzukommen, gab es Ärger. Sie sagte, daß sie mit mir nicht reden könne. Ich konnte dies akzeptieren, aber wir hatten zwei wunderbare Kinder miteinander. Es war furchtbar für sie gewesen, miterleben zu müssen, wie ihre Eltern sich gegenseitig ablehnten und übereinander ärgerten.

Ich hatte kein Kommunikationsproblem, aber sie. Sie war schließlich diejenige, die nicht mit mir reden wollte, und ich war Anwalt, dessen Beruf es ist, anderen Menschen zu helfen. Ich konnte meine Gefühle beiseite lassen und rational argumentieren. Sie hatte das Problem, nicht ich.

Schließlich wurde mir klar, daß ein Teil des Problems doch auch bei mir liegen mußte, wenn sie nicht mit mir sprechen wollte: Bei unseren Gesprächen tat ich nämlich das, was ich auch in meinem Beruf tat – ich nahm sie ins Verhör. Wenn sie mir ihre Gefühle mitteilen wollte, unterbrach ich sie immer wieder und berichtigte sie. Ich widerlegte ihre Gründe, wenn sie sagte, sie mache sich über irgend etwas Sorgen. Ich brachte Gegenbeispiele für ihre Verallgemeinerungen, ohne auf ihre Gefühle Rücksicht zu nehmen.

Wenn wir miteinander redeten, nahm ich sie ins Verhör.

Nachdem ich Ihr Buch gelesen hatte, schrieb ich ihr einen Brief, in dem ich mich für meine Rücksichtslosigkeit entschuldigte. Ich versprach ihr, daß ich mich künftig nach Kräften bemühen würde, ihr respektvoll und ohne verletzende Bemerkungen zuzuhören. Daraufhin änderte sich unsere ganze Beziehung. Ich lernte, meine juristischen Fähigkeiten im Büro zu lassen, ihr einfach zuzuhören und ihren Standpunkt zu verstehen, auch wenn ich anderer Meinung war. Jetzt reden wir nicht nur miteinander, sondern sind auch Freunde. Unsere Kinder erleben ihre Eltern als liebevoll und respektvoll im Umgang miteinander. Diese Botschaft ist ein wirkliches Geschenk.«

Ich brauche keine Belehrung

Erica erzählte: »Wenn wir uns über etwas stritten, stritten wir uns nach einer Weile über unsere Art zu streiten. Er sagte, es sei mein Problem, daß ich mich so unglücklich fühle; und würde ich einfach im Augenblick leben und das Gute in meinem Leben genießen, ginge es mir viel besser. Dann würde ich nicht alles so aufblasen.

Ich sagte dann immer, daß er mich nicht verstehe, nicht liebevoll sei und überhaupt nicht mein Problem erkannt habe. Ich sagte ihm, ich könne nicht mit ihm reden, wenn er mich dauernd belehren wolle. Ich wollte, daß auch er Verantwortung für unsere Probleme übernimmt und meine Argumente gelten läßt.

Du brauchst mit mir nicht einer Meinung zu sein. Das ist in Ordnung. Ich möchte einfach, daß du mir zuhörst und auch meine Auffassung verstehst.

Als ich begriff, daß Männer Probleme lösen *müssen*, konnte ich eine andere Haltung einnehmen. Wenn sich jetzt ein Streit anbahnt, löse ich meine Anspannung auf, indem ich erst eine Pause mache und ihn dann darauf vorbereite, was ich sagen möchte.

Ich sage: ›Du brauchst mit mir nicht einer Meinung zu sein. Das ist in Ordnung. Ich möchte einfach, daß du mir zuhörst und auch meine Auffassung verstehst. Wir brauchen dieses Problem nicht sofort zu lösen. Wenn du mir nur zuhörst, dann kann ich auch dir zuhören. Dies ist für mich viel angenehmer.‹

Sobald ich dies tue, wird er mit einemmal ganz ruhig und hört zu. Wir brauchen nicht zu streiten. Er darf recht haben, und ich habe das Recht, meine Gefühle mitzuteilen – ohne unterbrochen, verbessert oder belehrt zu werden.«

Du verstehst nichts

Von Paul hörten wir folgendes: »Meine Frau klagte immer: ›Du verstehst nichts!‹ Sie sagt dies auch jetzt noch manchmal, aber heute entwickelt sich kein Streit mehr daraus. Bevor wir an Ihrem Workshop teilnahmen, gerieten wir immer aneinander, wenn sie sagte, daß ich sie nicht verstehen würde; und ich versuchte ihr klarzumachen, daß dies sehr wohl der Fall sei. Manchmal behauptete ich sogar, ich verstünde ihre Probleme besser als sie selbst. Dies konnte natürlich nicht gutgehen.

Eine kleine Einsicht änderte alles. Wenn sie jetzt sagt, ich würde sie nicht verstehen, dann ist mir klar, daß sie mir einfach noch einige Dinge mitteilen will, bevor ich sie *wirklich* verstehen kann. Ich weiß nun, daß ich sagen muß: ›Ja, du hast recht. Ich verstehe dich noch nicht; erzähl mir mehr.‹ Durch diese kleine Änderung hörte unsere ganze Streiterei auf.

›Ja, du hast recht. Ich verstehe dich noch nicht; erzähl mir mehr.‹ Durch diese kleine Änderung hörte unsere ganze Streiterei auf.

Seit sie die Möglichkeit hat, zu reden, ohne unterbrochen zu werden, ist sie mir gegenüber viel liebevoller, ja sie kann es erst jetzt sein. Das Ganze nimmt zwar etwas mehr Zeit in Anspruch, als ich eigentlich möchte, aber sie hat das Gefühl, daß ich sie besser verstehe.

Früher fiel es mir nicht leicht, einzusehen, daß ich sie nicht verstand, vor allem, wenn ich glaubte, ich wüßte sehr wohl, was sie meinte. Aber mir wurde schließlich klar, daß ich sie eben nicht in der Weise wahrnahm, wie sie sich dies vorstellte, wenn sie sagte, daß ich nichts begriff. Doch indem ich einfach zugab, daß ich sie nicht verstand, gab ich ihr schon das Verständnis, das sie brauchte.

Als ich nicht mehr wütend wurde, bekam ich, was ich brauchte

Jerry erzählte folgendes: »Vor einiger Zeit machte sich meine Frau große Sorgen wegen bestimmter Probleme, die ich an meinem Arbeitsplatz hatte. Normalerweise hätte ich mich darüber aufgeregt, daß sie mir Ratschläge erteilte, an mir zweifelte und in mein Revier eindrang. Aber statt wütend zu werden, hielt ich mich zurück und versuchte, ihre Kommentare und Ängste nicht persönlich zu nehmen.

Statt wütend zu werden, hielt ich mich zurück und versuchte, ihre Kommentare und Ängste nicht persönlich zu nehmen.

Ich ließ sie einfach reden. Ich machte mir klar, daß sie von der Venus stammt und Sprechen ihre Art ist, mit Ängsten umzugehen. Nachdem ich ihr gegeben hatte, was sie brauchte, bat ich sie um das, was ich brauchte. Als sie fertig war, sagte ich: ›Ich verstehe, du machst dir Sorgen und mußt darüber reden. Was ich gerne von dir hören würde, ist, daß du das Vertrauen in meine Fähigkeit hast, mich um die Angelegenheit zu kümmern, und froh bist, daß ich hier bin und die Dinge regeln kann.‹

Nachdem sie das Gefühl hatte, verstanden worden zu sein, konnte auch sie mir die Unterstützung geben, die ich brauchte. Sie sagte gerne, daß sie mir vertraue und dankbar für unsere Beziehung sei. Ich lächelte und war sehr froh, als ich sie umarmte, statt mich wegen ihrer Ängste und Empfindungen niedergeschlagen zu fühlen.«

Alarmsignale

Sam erzählte, was er entdeckt hatte: »Ich habe herausgefunden, daß es ein Alarmsignal ist, wenn Tia sich herzlich gibt, aber nicht viel redet. Dann braut sich in ihr etwas zusammen, und falls ich sie nicht bald dazu bekomme, sich auszusprechen, wird alles nur noch schlimmer. Wenn sie sich jetzt distanziert gibt, ignoriere ich sie nicht, sondern bin besonders aufmerksam. Meist habe ich etwas getan oder gerade eben nicht getan, und der Ärger darüber staut sich in ihr auf, so daß sie mir gegenüber nicht mehr liebevoll ist.

Wenn sie sich jetzt distanziert gibt, ignoriere ich sie nicht, sondern bin besonders aufmerksam.

Falls ich es nicht registriere, daß sie sich über etwas ärgert, hat sie das Gefühl, sie wäre mir gleichgültig. Bricht es schließlich doch aus ihr heraus, ist sie viel ärgerlicher und dauert es viel länger, um die Sache wieder ins Lot zu bringen. Bin ich hingegen aufmerksam und frage sie, was denn los sei, dann stauen sich viele Emotionen erst gar nicht in ihr auf.«

»Fischen gehen«

Harvey stellte sich auf die Bedürfnisse seiner Frau ein: »Wenn bei Rebecca das Bedürfnis zu sprechen besonders groß ist, tut sie so, als ob sie überhaupt nicht reden wollte. Fragte ich daraufhin, ob irgend etwas nicht in Ordnung sei, sagte sie jedesmal nein, es gebe nichts zu bereden. Ich ließ es dann immer auf sich beruhen, weil ich glaubte, ich hätte ›meine Pflicht getan‹ und könnte jetzt fernsehen. Dies war ein großer Fehler.

Inzwischen habe ich gelernt, sie nicht mehr wörtlich zu nehmen. Wenn sie sagt, es gebe eigentlich nichts zu bereden, ist mir heute klar, daß sie sehr wohl über etwas sprechen möchte; ich muß ihr aber Fragen stellen, um sie aus der Reserve zu locken. Statt es auf sich beruhen zu lassen, ›gehe ich jetzt fischen‹: Ich stelle ihr Fragen, bis sie ›anbeißt‹.

Statt es auf sich beruhen zu lassen, ›gehe ich jetzt fischen‹: Ich stelle ihr Fragen, bis sie ›anbeißt‹.

Sie möchte nicht bloß, daß ich zuhöre, sie will auch meine Aufmerksamkeit für ihr Bedürfnis, mir etwas zu sagen. Ich soll mehr an ihrem Leben Anteil nehmen, so daß ich schon etwas ahne, warum sie verärgert ist. Sie möchte an meinen Fragen erkennen können, daß ich darüber Bescheid weiß, was in ihrem Leben geschieht. Es ist wie beim Angeln – man braucht Geduld, aber irgendwann stelle ich die richtige Frage, und dann öffnet sie sich.

Ich dachte, wenn sie über etwas reden wollte, sollte sie dies einfach tun. Aber wie ich jetzt allmählich verstehe, brauchen Venusfrauen das Gefühl, daß sich jemand um sie kümmert und auf sie achtet. Ich will das gerne für sie tun.«

Ich höre zu, weil ich dich liebe

Wendy sagte: »Was ich an Gerald am meisten liebe, ist seine Bereitschaft zuzuhören. Gibt es ein Problem, reden wir darüber. Auch wenn es viel einfacher wäre, sich nicht damit aufzuhalten und fernzusehen, setzt er sich hin und hört zu. Was ich zu sagen habe, ist ab und zu gar nicht nett und nicht einmal durchdacht. Er gibt mir manchmal nur recht, und es ist auch zuweilen etwas unangenehm, aber er tut es jedenfalls.«

Gerald antwortete darauf: »Da gebe ich ihr völlig recht. Es ist nicht einfach für mich, mir anzuhören, welche Gefühle sie hat; ein Teil von mir möchte davonlaufen, aber ich bleibe, weil ich jetzt weiß, wie wichtig es für sie ist. Es gefällt mir nicht immer, was sie sagt, aber ich höre trotzdem zu, weil ich sie liebe und ich weiß, daß sie diese Unterstützung von mir braucht.

Es ist nicht einfach für mich, mir anzuhören, welche Gefühle sie hat; ein Teil von mir möchte davonlaufen, aber ich bleibe, weil ich jetzt weiß, wie wichtig es für sie ist.

Ich sage sogar zu ihr: ›Es fällt mir sehr schwer, aber ich will zuhören und deine Gefühle ernst nehmen, weil ich dich liebe.‹ Indem ich dies laut ausspreche, mache ich ihr nicht nur deutlich, daß ich zuhören will, sondern es wird auch für mich leichter. Ich glaube, es hilft mir, daran zu denken, daß Liebe die Antwort ist, und indem ich zuhöre, schenke ich ihr die Liebe, die sie braucht. Ich will ihr in der bestmöglichen Weise geben, was sie am meisten von mir braucht.«

Wir werden wütend, wenn wir miteinander reden wollen

Bruce erzählte folgende Geschichte: »Wir sind jetzt seit zwanzig Jahren verheiratet. Es ist für beide die zweite Ehe. Wir brachten auch beide Kinder mit in die Ehe, ich drei und sie eins. Wir haben inzwischen alle vier großgezogen.

Schon zu Beginn unserer Ehe hatten wir große Kommunikationsprobleme. Es herrschte sehr viel Mißtrauen und Abwehr. Nachdem die Kinder aus dem Haus waren, wurde es immer schlechter, und wir lebten sogar einige Zeit von Tisch und Bett getrennt. Wenn wir miteinander reden wollten, selbst über geringfügige Dinge, brachen sofort Zorn und Ärger auf.

Als ich Ihr Buch las, entdeckte ich Dinge, die mich sehr an das erinnerten, was Gretchen schon seit Jahren sagte. Ich hatte eigentlich nie verstanden, worüber sie redete und warum sie jedesmal so eine Affäre daraus machte. Ich sah auch anderes, was ich ihr vergeblich nahezubringen versucht hatte. Ich fand Erklärungen für Probleme, mit denen ich mich konfrontiert sah, die ich aber nicht in eine positive Perspektive bringen konnte. Die Hoffnung, endlich zu einer Kommunikation kommen zu können, versetzte mich in Aufregung.

Gretchen dagegen war keineswegs so begeistert. Ihre Reaktion war: Ich muß es erst sehen. Wenn du dich änderst, will ich darüber nachdenken. Statt auf ihr Mißtrauen gereizt zu reagieren, machte ich mir klar, daß ihre Gefühle berechtigt waren: Nachdem sie sich jahrelang vernachlässigt gefühlt hatte, mußte es einige Zeit dauern, bis alles heilte und neues Vertrauen entstand. Meine sanfte Beharrlichkeit, mit der ich mich bemühte, aus einer liebevollen Haltung heraus Änderungen eintreten zu lassen und zuzuhören, half ihr, ihren Widerstand aufzugeben. Aber es half auch mir selbst. Es ist nicht leicht, einen Neuanfang zu machen, wenn jeder Schritt mit Mißtrauen beobachtet und abgelehnt wird. Ich spüre aber, daß ich dabei immer stärker werde, und dieses Gefühl ist mir wichtig.

Meine sanfte Beharrlichkeit half ihr, ihren Widerstand aufzugeben.

Wenn es einmal nicht klappt, lasse ich meinen Zorn nicht an Gretchen aus, sondern schreibe meine Gefühle, wie Sie in Ihren Büchern empfehlen, für mich in einem ›Liebesbrief‹ auf. Damit verschaffe ich mir Luft. Die anfängliche Wut und Verbitterung verwandeln sich dabei in die Empfindung, daß ich mir Erleichterung verschafft habe, und ich habe wieder liebevolle Gefühle gegenüber Gretchen. Dies hilft mir, ihre Sicht der Dinge zu verstehen, und ich versuche wiederum, ein besserer Zuhörer zu sein.

Es gibt jetzt zärtliche Augenblicke und kurze Zeiten einer bedeutsamen Kommunikation zwischen mir und meiner Frau. Aber oft herrscht auch noch Distanz und eine Haltung der Abwehr. Wir haben viel Negatives durchgemacht, doch es gibt Hoffnung. Mir macht das Leben wieder Spaß, und ich bin begeistert über die vielen Möglichkeiten, die es mir bietet.

Ich sehe jetzt die Probleme in unserer Beziehung deutlicher, und ich weiß, was ich tun muß. Heute, da ich eine liebevollere Haltung gegenüber mir selbst, meiner Frau und anderen habe, nehme ich auch Änderungen in mir selbst wahr. Es sind neue

Menschen in mein Leben getreten, und alte Freunde sind wiedergekehrt. Es gibt eine neue Dimension in meinem Dasein, die sich großartig anfühlt.

Gretchen und ich geraten manchmal immer noch aneinander. Früher sagte ich dann: ›O nein, nicht schon wieder! Würde sie doch bloß einmal lernen, sich nicht um alles zu kümmern und mich in Ruhe zu lassen!‹ Inzwischen bin ich an einem Punkt angelangt, daß ich sagen kann: ›Da ist noch etwas, was ich lernen muß. Ich ärgere mich jetzt, aber ich weiß, wie ich damit umgehen muß. Ich kann hinausgehen und einen Liebesbrief schreiben, ich kann einen Spaziergang machen und über alles nachdenken und mich wieder beruhigen.‹

Es macht mir natürlich keinen Spaß, mich zu ärgern und diese Gefühle verarbeiten zu müssen, aber es bringt mir doch immer wieder neue Erkenntnisse über mich selbst und meine Frau. Ich lerne dadurch, etwas lockerer gegenüber mir selbst und, wie ich hoffe, auch gegenüber Gretchen zu sein. Weil ich in einer positiven Weise verstanden habe, warum wir einander mißverstanden hatten, schöpfe ich jetzt wieder Hoffnung. Dies ist eine unglaubliche Reise.«

Ein besseres Selbstwertgefühl haben

Renata berichtete: »Indem ich Klarheit über unsere Unterschiede gewann, sehe ich mich selbst auch in einem besseren Licht. Auf der Rückkehr von einem Urlaub in South Carolina begann ich laut zu denken und sprach aus, was ich in der Woche nach unserer Rückkehr zu tun hätte, im darauffolgenden Monat, in den nächsten drei Monaten und so weiter. Und ich schloß mit dem Satz: ›Ja, und in einem halben Jahr muß ich zum Zahnarzt.‹

Dann erinnerte ich mich wieder daran, was John Gray darüber gesagt hatte, wie Frauen denken: nicht nur laut, sondern auch nach außen gehend. Ich habe jetzt das Gefühl, daß ich so in Ordnung bin, wie ich bin.

Meine vier Söhne kritisierten mich immer, weil ich laut dachte; sie warfen mir vor, geschwätzig zu sein. Heute weiß ich, daß ich einfach eine Venusfrau bin und laut denke.«

Unsere Ehe war in Ordnung, aber auch nicht aufregend

Ian beschrieb, wie er die Kommunikation mit seiner Frau verbesserte: »Es ist jetzt zehn Jahre her, daß Ellen mir eines Tages vorschlug, am Wochenende einen romantischen Ausflug zu machen. Ich liebte meine Frau sehr, aber irgendwie war in unserem Leben eine gewisse Eintönigkeit eingekehrt, in unserem Sex, unserer Kommunikation, unserem Umgang mit den Kindern. Die Ehe war schon in Ordnung, aber es fehlte die Würze. Ich hatte das Gefühl, daß wir zu wenig für unsere Beziehung taten. Wir liebten uns – immer –, und die Verbindung war stabil, keine Frage. Es war für mich klar, daß ich bis ans Ende meiner Tage mit Ellen verheiratet bleiben würde. Alles übrige entwickelte sich prächtig – das Geschäft, die Kinder –, aber in der Ehe war irgendwie die Luft raus. Ich stand zu meiner Verbindung mit Ellen, aber in emotioneller Hinsicht glaubte ich, daß der ›Tank leer lief‹.

Daher überredete ich Ellen, auf den Ausflug zu verzichten und statt dessen zu einem Seminar mit John Gray zu gehen. Schon nach fünf Minuten wußte ich, daß ich hier genau richtig war. Er erzählte von den Fehlern, die er selbst in seinen Beziehungen gemacht hatte, und dies nahm mir schlagartig eine große Last von meinen Schultern. Ich mußte nicht ›unfehlbar‹ sein! Ich mußte nicht die Verantwortung dafür tragen, die Beziehung perfekt zu machen, unser Glück zu schaffen. Auf Anhieb hatte mich Johns Offenheit überzeugt.

Mit der Zeit kam ich zu einer emotionellen Sprache. Meine spirituelle Seite entwickelte sich. Meine physische Seite war in Ordnung – ich war Sportlehrer. Aber ich hatte eigentlich keine emotionelle Sprache, und es gab Gefühle, die ich nie richtig beschreiben oder äußern konnte.

Bestimmte Arten der Kommunikation empfand ich immer als eine Bedrohung für meine Männlichkeit. Ich war verletzlich, scheute mich, Enttäuschungen und Unglücklichsein auszudrükken, weil ich das Gefühl hatte, die ganze Beziehung zu gefährden, wenn ich dies zuließe. Ich glaubte, immer für alles eine Lösung und alles im Griff haben zu müssen. Ich mußte doch ein starker Mann in dieser Ehe sein, oder etwa nicht?

Ich glaubte, immer für alles eine Lösung und alles im Griff haben zu müssen.

Ich war ganz erstaunt, als sich mit Hilfe der von John vorgeschlagenen Kommunikationswerkzeuge alles öffnete und ich das Gefühl hatte, jetzt mit meinem wirklichen Selbst verbunden zu sein. Ich spürte, wie eine schwere Last von mir abfiel, und auf allen Ebenen flogen mir neue Einsichten zu. Ich fühlte mich so frei, wie ich mich schon lange nicht mehr gefühlt hatte; ich merkte, daß die Liebe zu mir selbst und zu meiner Frau wieder zu strömen begann. Und ich hatte eine starke Empfindung der Hoffnung.

Was war der Grund für diesen überwältigenden Strom von Gefühlen? Ich konnte endlich Emotionen ausdrücken, die ich niemals zuvor geäußert hatte. Ich lernte, erst Ellen reden zu lassen. Ich befreite mich von dem Zwang, ihre Gefühle ändern zu wollen. Ich verzichtete darauf, ständig Lösungen anzubieten. Ich hörte jetzt zu, und wenn sie fertig war, teilte ich ihr meine Gedanken, Empfindungen und Erfahrungen mit, und sie hörte mir zu.

Eine ganz praktische – und dauerhafte – Wirkung dieses Seminars war, daß meine Frau und ich nach einer Meinungsverschiedenheit schneller wieder ins Gleichgewicht kamen. Ich verschloß mich nicht mehr so lange wie früher – davor brütete ich, war übel gelaunt und konnte nicht mehr aufhören. Jetzt verflog diese Stimmung viel schneller wieder. Mit Hilfe von Johns Techniken konnten wir rasch wieder zu einer ausgeglichenen, liebevollen Atmosphäre zurückkehren, ohne Angst vor einer ›Konfrontation‹ haben zu müssen.

Davor brütete ich, war übel gelaunt und konnte nicht mehr aufhören.

Wenn Ellen zum Beispiel etwas tat, was mich aufregte, konnte ich ihr das sagen, statt diese Gefühle zu unterdrücken, wie früher, laut zu werden, sie mit meinem Zorn unter Druck zu setzen und einfach mit allem herauszuplatzen. Dieser neue Weg war respektvoller, weil ich sowohl Ellen zuhörte als auch auf meine eigene innere Stimme achtete.

Als dies zur Gewohnheit wurde, war klar, daß die neuen Kommunikationstechniken wirklich Erfolg brachten. Sie waren wie eine Straßenkarte, die mich auf der emotionellen Ebene leitete. Körperlich, intellektuell und beruflich hatte ich mich schon immer gut zurechtgefunden, aber jetzt hatte ich auch eine Orientierung in meinem Gefühlsleben.

Dies wirkte sich auf *alles* positiv aus. Wir kamen einander viel näher, die Kommunikation wurde um ein Vielfaches verbessert, und auch unser sexuelles Leben war wieder so aktiv wie zu Beginn – und ist es noch heute. Die überraschendste Folge meiner neuen Fähigkeit des Zuhörens und des Verständnisses für den Unterschied der Geschlechter betraf jedoch meine Beziehung zu meinem Sohn und meiner Tochter.

Weil ich mir und den Fehlern gegenüber, die ich als Partner und Vater begangen hatte, nachsichtiger geworden war, konnte ich jetzt auch den Kindern gegenüber geduldiger, einfühlsamer und hilfsbereiter sein. Da ich mir selbst und meiner Frau emotionell mehr Unterstützung gewährte, konnte ich dies auch bei den Kindern tun. Davor hatte ich mich ihnen gegenüber eher autoritär verhalten, obwohl natürlich immer eine Grundstimmung der Liebe vorhanden war. Jetzt können auch meine Kinder ihre Gefühle besser ausdrücken und geben sich Gleichaltrigen und Erwachsenen gegenüber viel ungezwungener – viel mehr, als ich es jemals war. Es ist außerordentlich befriedigend, zu sehen, daß der Nutzen, den ich aus dieser Arbeit ziehe, auch ihnen zugute kommt.

Als Vater war ich jetzt auch den Kindern gegenüber geduldiger, einfühlsamer und hilfsbereiter.

Wir haben regelmäßig Familienzusammenkünfte, und wenn es irgendwo Konflikte gibt, verfügen wir jetzt über Möglichkeiten, diese zu bereinigen. Auf der Grundlage von Johns Zuhörtechniken erlangt jeder Gehör. Alle können jederzeit eine Familienbesprechung einberufen, um ihre Gedanken zu äußern; und die Kinder machen von dieser Möglichkeit auch Gebrauch. Es tut ihnen richtiggehend gut.

Wir können also den Kindern etwas geben: Die neue Art unserer Kommunikation ist ein wirkliches Geschenk auch für sie. Sie sehen, wie wir kommunizieren und uns weiterentwickeln, streiten, aber dies wieder bereinigen und uns entschuldigen, daß wir zusammenhalten, um voranzukommen, und einander zuhören. Wir wissen, daß wir jedesmal, wenn wir einander etwas geben, auch den Kindern etwas geben.«

Liebe auf den ersten Blick

Und so sieht die Geschichte aus Ellens Sicht aus: »Es begann vor zwanzig Jahren. Ich war erst vierundzwanzig, kannte ihn gerade mal drei Wochen, wußte aber schon, daß ich ihn heiraten wollte. Und drei Monate später waren wir wirklich ein Ehepaar.

Wir hatten viele Gemeinsamkeiten. Ians Eltern ließen sich scheiden, als er vierzehn war, und mein Vater starb, als ich elf war. Wir wurden also beide von nur einem Elternteil erzogen.

Die ersten drei Jahre waren phantastisch. Dann kamen die Kinder, und sieben Jahre nach der Heirat tat sich im Bett nicht mehr viel. Ich war oft wütend. Unsere Beziehung war nicht mehr sehr lebendig, obwohl wir fest zu ihr standen.

Sieben Jahre nach der Heirat tat sich im Bett nicht mehr viel. Ich war oft wütend.

Ian meinte dann, wir sollten an einem Seminar von John Gray teilnehmen. Ich hatte, ehrlich gesagt, Bedenken. Ich fürchtete, es könnte sich herausstellen, daß wir den falschen Partner gewählt hatten, daß ich Ian oder er mich nicht liebte.

Aber was in Wirklichkeit geschah, war eine richtiggehende Befreiung. Wir eigneten uns die Werkzeuge an, die es uns ermöglichten, diese Beziehung zu pflegen. Das wichtigste für mich als Frau war, verletzlicher zu werden. Ich entdeckte, daß ich das Leben eher männlich anging: Ich war immer damit beschäftigt, die Probleme anderer zu lösen, und ignorierte meine eigenen Bedürfnisse und Gefühle. John zeigte uns, daß eine Frau einfach reden muß, weil dies für sie ganz natürlich ist.

Die zweite und für mich persönlich fast noch tiefer gehende Erfahrung war, daß ich beim Seminar wegen der Verlassenheitsgefühle im Zusammenhang mit meinem Vater einen größeren Zusammenbruch hatte. Ich hatte diese Gefühle bisher nie erlebt, aber als ich jetzt deswegen zu weinen begann und John dies sah, rief er mich nach vorne. Er fragte mich, ob ich über meine Gefühle sprechen wolle, und dies steigerte sich zu einer Befreiung von meinen Gefühlen, von Männern verlassen zu sein, ihnen nicht vertrauen und es nicht wagen zu können, mich ihnen gegenüber verletzlich zu zeigen. John bat Ian, mich in den Arm zu nehmen, während ich über die Gefühle bezüglich meines Vaters sprach. Zulassen zu können, daß Ian hier dabei war, war für mich eine unglaubliche Erfahrung.

Wenn wir Frauen Männern einfach vertrauen und sie lehren könnten, uns nicht zu belehren, sondern einfach zuzuhören, dann würde sich unser Herz automatisch öffnen, und wir könnten ihnen gegenüber eine viel größere Nähe empfinden. So geschah es jedenfalls mit mir. Diese Erfahrung verbesserte unsere ganze Beziehung: unser Sexualleben, unser Vertrauensverhältnis, unsere Beziehung zu den Kindern. Wir hörten auf, sie zwischen uns zu stellen, um die Distanz zwischen uns aufrechterhalten zu können.

Wir haben die Mittel, unsere Bedürfnisse, Gefühle, Vorlieben und Abneigungen zu äußern, und die Technik, uns nicht verrückt machen zu lassen, nicht alles so persönlich zu nehmen.

Ich weiß nicht, wo wir heute ohne Johns Seminar stünden. Dank seiner Hilfe sind wir jetzt jedenfalls Lebenspartner. Wir haben die Mittel, unsere Bedürfnisse, Gefühle, Vorlieben und Abneigungen zu äußern, und die Technik, uns nicht verrückt machen zu lassen, nicht alles so persönlich zu nehmen. Wir sind jetzt fähig, aus Liebe einander zuzuhören und uns bei allem zu unterstützen, worum wir bitten und was wir fühlen.

Wie machen wir einander glücklich? Wir versuchen beide, die Verliebtheit lebendig zu erhalten. Die Arbeit an unserer Beziehung hat Vorrang, indem wir uns Zeit dafür nehmen, miteinander Spaß zu haben. Wir wenden weniger Zeit für die Kinder auf, um miteinander turteln zu können, und wir wenden weniger Zeit füreinander auf, um für uns selbst mehr Freiraum zu haben.

Wenn wir dann wieder zusammen sind, haben wir Sehnsucht nacheinander und haben uns mehr zu erzählen.

Was ich zum Beispiel tue, um Ian glücklich zu machen? Nun, er möchte das Gefühl haben, daß man ihm vertraut. Ich verkneife mir also, ihm Ratschläge und Empfehlungen zu geben, wenn er nicht ausdrücklich darum bittet. Ich versuche, ihm für alles, was er tut, soviel Anerkennung wie möglich zu geben.

Was tut Ian, um mich glücklich zu machen? Er hört zu. Er verwöhnt mich mit kleinen Aufmerksamkeiten. Er bringt mir jeden Morgen eine Tasse Tee. Er beteiligt sich ganz intensiv an der Kindererziehung. Das großartigste aber ist die unglaubliche Achtung, die er mir entgegenbringt. Er lobt mich und erwartet von unseren Kindern, daß sie dies ebenfalls tun. So machen wir einander glücklich.«

Rednerinnen und Denker

Dies ist Suzannes Geschichte: »Ich bin siebenundvierzig Jahre alt und seit zehn Jahren verheiratet. Mein Mann Rich und ich kennen uns seit zwölf Jahren. Wir haben keine Kinder.

In den ersten Jahren unserer Ehe hatte ich das Gefühl, daß es zuwenig Kommunikation unter uns gab. Ich bin die ›Rednerin‹, Rich ist der ›Denker‹.

Ich habe alles mögliche versucht, damit er sich öffnete und mich an seinen Gedanken und Empfindungen teilnehmen ließe, aber es war vergebens. Ich kam aus einer früheren Ehe, in der keine Kommunikation stattfand, und ich war entschlossen, daß es diesmal anders sein müsse – oder ebenfalls scheitern würde.

Wie viele andere Paare wußten auch wir nicht, wie man sich ausdrückt. Rich hatte keine Ahnung, wie er seine Gefühle in Worte kleiden sollte, und ich wußte nicht, mit welchen Worten ich ihn dazu bringen könnte, sich zu öffnen. Ich spürte, daß ich immer wütender und frustrierter wurde; das Lachen war aus unserer Ehe verschwunden.

Sobald ich anfing, über unsere Kommunikationsprobleme zu reden, sah ich, wie er sich verschloß und in die Defensive ging.

Ich sah mir die Oprah-Winfrey-Talk-Show* an, um Ideen für eine bessere Kommunikation zu bekommen; dann versuchte ich, Rich die Techniken zu erklären, als er nach Hause kam. Aber sobald ich davon anfing, sah ich, wie er sich verschloß und in die Defensive ging. Dieses Rechtfertigen konnte ich fast nicht ertragen. Es kam deswegen immer wieder zum Streit. Er unternahm einen halbherzigen Versuch, sich zu bessern, was vielleicht zwei Wochen anhielt, dann war alles wieder beim alten.

Was mich neben Richs Defensivität am meisten beschäftigte, war das Gefühl, ausgenutzt und nicht gemocht zu werden. Ich wollte einen Mann in meinem Leben, der wenigstens hin und wieder ebenfalls Hand anlegte: Ich hatte das Gefühl, daß ich diejenige war, die den Haushalt führte, die alltäglichen Aufgaben erledigte, sich um alles kümmerte und für all die Mühe nicht einmal ein Dankeschön erhielt.

Es begann sich Ärger in mir aufzustauen. Rich hatte immer saubere Unterwäsche in seiner Schublade und frische Hemden im Schrank. Warum konnte ich nicht einmal die Schublade aufziehen und den Schrank öffnen und frische Kleider herausnehmen, ohne selbst dafür gesorgt zu haben? Ich spürte, wie die Liebe zu meinem Mann schwand, und wußte nicht, an wen ich mich um Rat wenden sollte.

Es bildete sich eine unerfreuliche Gewohnheit heraus. Alle paar Wochen, wenn es mir wirklich zuviel wurde, unternahm ich einen Versuch, ihm zu erklären, was ich empfand, aber ich konnte nur weinen. Er versprach mir, sich mehr um den Haushalt zu kümmern, aber dies hielt jeweils nur etwa eine Woche an.

* Bei uns in TM 3 (Astra) zu sehen. (Anm. d. Übers.)

Dann hörte ich von Ihrem Buch ›Männer sind anders. Frauen auch.‹ Während ich dieses Buch las, erfuhr ich, daß Sie in New York City einen Vortrag hielten. Ich fragte Rich, ob er mit hingehen wolle, und er sagte ja. Dies war das Beste, was uns hatte geschehen können!

Als Sie sprachen, hörte er *meine* Worte aus *Ihrem* Mund. Er erkannte uns in allem, was Sie sagten. Das Wichtigste, worüber Sie sprachen, war die Frage, was Frauen wirklich ›anmacht‹: den Müll hinausbringen, Geschirr spülen, Wäsche einräumen und so weiter. Rich war ziemlich verblüfft darüber, und das sind wohl viele Männer. Wir sprachen auf dem Heimweg über Ihren Vortrag, und seit diesem Abend ist unsere Beziehung eine völlig andere.

Als Sie sprachen, hörte er meine Worte aus Ihrem Mund.
Er erkannte uns in allem, was Sie sagten.

Rich bringt jetzt, ohne daß man ihn fragen muß, den Müll hinaus, fährt zum Recyclinghof, wäscht Geschirr, legt die Wäsche in den Schrank, nimmt den Staubsauger in die Hand, kümmert sich um die Rechnungen und so weiter, und so fort. Und ich danke ihm, wenn er dies alles für mich tut.

Wir halten die Kommunikation aufrecht, aber es erfordert Anstrengung… es geschieht nicht immer von selbst. Er nimmt sich Zeit dafür, mir zuzuhören, auch wenn ihm gerade nicht danach ist.

Sehe ich an Richs Gesicht, daß etwas in ihm arbeitet, oder habe ich etwas gesagt, was ihm nicht behagt, ermuntere ich ihn, seinerseits zu sagen, was er denkt. Wenn er nichts sagen will, bedränge ich ihn nicht. Ich habe aber das Gefühl, daß er sich viel leichter mitteilt, seit er sich nicht mehr unter Druck gesetzt fühlt.

Ich ermuntere ihn, mir zu sagen, was er denkt. Wenn er nichts sagen will, bedränge ich ihn nicht.

Wir sagen einander jeden Tag: ›Ich liebe dich.‹ Wenn wir aus dem Haus gehen oder nach Hause kommen, küssen wir uns zur Begrüßung und zum Abschied. Was Rich immer getan hat, seit ich ihm begegnete, ist, daß er mich mindestens einmal am Tag anruft, um zu fragen, wie es mir geht. Und er sagt mir immer, wann ich ihn zurückerwarten kann.

Neulich geschah folgendes: Ich buk Weihnachtsplätzchen und hatte aus Versehen die doppelte Menge Backpulver genommen. Die Plätzchen mißlangen gründlich, und ich mußte das ganze erste Blech wegwerfen und nochmals von vorn anfangen. Natürlich hatte ich nicht mehr genug Zutaten für einen neuen Teig, weshalb ich ins Geschäft gehen mußte.

Beim Weggehen fragte ich Rich, ob er mir nach meiner Rückkehr helfen wolle, und er sagte: ›Du kannst die Plätzchen doch auch morgen machen.‹ Das war nicht die Antwort, die ich hören wollte. Ich sagte nichts und ging einkaufen. Als ich zehn Minuten später zurückkam, hatte er wohl noch einmal darüber nachgedacht, denn er empfing mich an der Tür und sagte: ›Ich helfe dir. Sag mir nur, was ich tun soll.‹

Ich war restlos glücklich. Vor zwei Jahren hätte er sich in seinen Lehnstuhl gesetzt und mich noch mal backen lassen.

Vor zwei Jahren hätte er sich in seinen Lehnstuhl gesetzt und mich noch mal backen lassen.

Aber wie ich schon sagte, muß man immer daran arbeiten. Schlechte Gewohnheiten haben ein zähes Leben. Was mich so freut, ist, daß wir uns jetzt wirklich beide bemühen, den anderen glücklich zu machen. Wenn wir versehentlich etwas sagen oder tun, was den anderen traurig stimmt oder aufregt, geben wir zu, daß wir etwas falsch gemacht haben, entschuldigen uns und machen es wieder gut.

Wir sind so glücklich wie nie zuvor, und es wird immer noch besser.«

Die Marsianer kommen

Wenn ich in Amerika unterwegs bin, um Seminare zu halten, bin ich immer wieder tief berührt von den Berichten über Paare, die sich getrennt hatten oder sogar geschieden waren und nach der Lektüre meiner Bücher wieder zu einer liebevollen Beziehung zusammenfanden. Ich höre so etwas zwar öfter von Teilnehmern an meinen Beziehungsseminaren, aber ich hätte mir nie vorstellen können, daß allein das Lesen eines meiner Bücher und die Anwendung des darin Gesagten eine solche Wirkung haben könnte. Angesichts der heutigen Scheidungsrate ist es sehr erfreulich zu hören, daß Marsmänner und Venusfrauen wieder in Liebe zueinanderfinden können. Wenn eine gestörte Beziehung heilt oder sich der Zusammenhalt in einer Ehe wieder festigt, sind hieran meist viele Faktoren beteiligt, was zunächst sehr verwirrend sein kann. Dies klärt sich jedoch, wenn man über den Unterschied zwischen Männern und Frauen Bescheid weiß.

Wie Männer in der Liebe wachsen

Männer wachsen in der Liebe, indem sie sich annähern und dann wieder zurückziehen. Ein Mann dehnt sich wie ein Gummiband, bis es ihn wieder zurückzieht. Die Redensart »Distanz erhält die Spannung« beschreibt die Haltung eines Mannes in der Liebe sehr gut. Seine Liebe wächst in einer Hinundherbewegung. Immer wieder entdecken Frauen, daß Männer liebevoller zurückkehren, wenn sie sie loslassen.

Die Redensart »Distanz erhält die Spannung« beschreibt die Haltung eines Mannes in der Liebe sehr gut.

Droht eine Beziehung endgültig in die Brüche zu gehen, erfahren viele Männer zum erstenmal die Distanz, die sie nötig haben, um zu entdecken, wie sehr sie ihre Partnerin lieben; dies gibt ihnen die Motivation, es noch einmal zu versuchen. Alles, was sie dann noch brauchen, ist eine Erklärung dafür, was schiefgegangen ist und wie man es wieder in Ordnung bringen kann. Ohne dieses Wissen aber wagen sie sich vielleicht doch nicht mehr zurück.

Viele Männer bedauern das Ende einer Beziehung, aber fügen sich darein, weil sie nicht wissen, was falsch gelaufen ist. Ein Mann gibt in einer Beziehung auf, wenn er das Gefühl hat, die Frau nicht glücklich machen zu können. Die grundlegenden Einsichten von ›Männer sind anders. Frauen auch.‹ verdeutlichen ihm aber bereits, was die Ursachen waren und was er dagegen unternehmen kann. Das ermuntert ihn wiederum zu einem neuen Versuch mit dieser Beziehung.

Wie Frauen in der Liebe wachsen

Frauen wachsen in der Liebe, wenn sie das Gefühl haben, die Unterstützung zu bekommen, die sie brauchen. Sie geben in einer Beziehung auf, wenn die Kommunikation zusammenbricht. Ohne eine aufbauende Kommunikation hat eine Frau das Gefühl, nicht geliebt zu werden. Irgendwann hat sie den Eindruck, immer nur zu geben und selbst nicht zu bekommen, was sie braucht. Dies führt dazu, daß sie sich über ihren Partner ärgert. Sie meint, wirklich alles gegeben zu haben, und weil sie auch keine Möglichkeit sieht, zu bekommen, was sie braucht, gibt sie auf.

Je größer die Abneigung gegen ihren Partner wird, desto mehr wächst die Empfindung, daß ihr Glück von ihm abhängt. Eine Trennung ermöglicht es ihr, sich eigenverantwortlich darum zu kümmern, daß ihre Bedürfnisse erfüllt werden. Wenn sie die Möglichkeit hat, von Freunden und Verwandten zu bekommen, was sie braucht, erwachen auch ihre liebevollen Empfindungen wieder.

Werden ihre Bedürfnisse in einer gesunden Weise von ihren Freundinnen und Freunden erfüllt, entdeckt sie, daß sie auch ohne ihren Partner glücklich sein kann. Wenn sich eine Frau autonomer und selbstsicherer fühlt, kann sie auch vergeben und verzeihen. Mit diesem neuen Wissen, wie sie bekommen kann, was sie in einer Beziehung braucht, öffnet sich ihr Herz wieder der Liebe und dem Vertrauen.

In Tausenden von Fällen haben die grundlegenden Erkenntnisse von ›Männer sind anders. Frauen auch.‹ Frauen geholfen, ihren Anteil an den Problemen zu erkennen, die eine Beziehung scheitern zu lassen drohen. Sie sehen jetzt, daß sie mehr geliebt wurden, als sie glaubten. Mit diesem vertieften Verständnis für Männer haben Frauen nicht mehr so stark das Gefühl, daß sie die Liebe und Unterstützung einfach nicht bekommen können, die sie brauchen, um weiterhin ihrerseits schenken und lieben zu können. Dieses neuentdeckte Selbstverstrauen hat – neben einem gesunden Verantwortungsgefühl – schon viele Ehen gerettet.

Wenn sich eine Frau autonomer und selbstsicherer fühlt, kann sie auch vergeben und verzeihen.

Viele Frauen haben die Gedanken aus ›Männer sind anders. Frauen auch.‹ inspiriert, sich wieder auf die Suche nach der Liebe zu machen. Sehr oft entdecken sie, daß die Gefühle für ihren Partner neu erweckt werden und stärker als je zuvor sind.

Sie erkennen, daß er sie durchaus liebt, aber daß er vom Mars stammt und nicht weiß, wie er ihr die Unterstützung geben kann, die sie braucht. Sie kommt von der Venus und wußte nicht, daß Männer anders denken und fühlen.

Die Herausforderung der Liebe

Es hat schon bei Tausenden von Paaren zur Wiedervereinigung in Liebe geführt, wenn beim Mann die Bereitschaft neu erwachte, seiner Frau die Unterstützung zu geben, die sie braucht, oder wenn die Frau erkannte, daß sie die Hilfe bekommen kann, die sie benötigt. Ihre Berichte sind wirklich eine Inspiration, weil sie an unsere edelsten Empfindungen appellieren, jenen Teil in uns ansprechen, der intuitiv weiß, daß der wahre Zweck unserer Reise in dieser Welt darin besteht, Liebe zu empfangen und Liebe zu schenken. Hierin liegt unsere Herausforderung; wer sie annimmt, kann alles verwirklichen, was das Menschsein gut und großartig macht. Die Triumphe dieser Paare werden zum Vorbild unserer eigenen, sooft wir uns in Liebe neu miteinander verbinden. Einige dieser Berichte handeln davon, wie Paare nach einer Trennung oder Scheidung wieder zueinander fanden, doch geschieht im Prinzip jedesmal dasselbe, wenn wir in Liebe einen Schritt näher aufeinander zugehen.

Er hatte es eines Tages satt und ging einfach

Annette erzählte uns ihre Geschichte mit Tränen in den Augen: »Wir waren geschieden, als mein Mann Bruce Ihr Buch las. Und jetzt sind wir wieder so glücklich – ich kann es Ihnen gar nicht sagen. Wir haben ein kleines Mädchen und sind überglücklich. Jahrelang hatten wir uns gestritten. Er arbeitete für eine Fluggesellschaft, und wenn er nach Hause kam, war er immer so abwesend. Ich versuchte jedesmal, uns durch Gespräche wieder zusammenzubringen. Doch eines Tages hatte er es satt und ging einfach.

Ein halbes Jahr nach unserer Scheidung las er Ihr Buch. Er rief mich an und erzählte mir von dem Gedanken mit der Höhle und daß ihm klargeworden sei, warum mir Gespräche so wichtig waren. Ich hatte ihm sehr gefehlt, aber er wußte einfach nicht, was er tun sollte. Ihr Buch gab ihm den Mut, es noch einmal zu versuchen. Wir hören uns immer wieder Ihre Bänder an und lesen immer wieder Ihre Bücher. Wir sind so dankbar dafür, wieder ein glückliches Ehepaar zu sein.«

Ich liebte sie, aber war nicht verliebt

Tom berichtete: »Wir waren seit dreiundzwanzig Jahren verheiratet. Ich liebte Christy, aber ich war nicht in sie verliebt. Wir hätten einander niemals weh getan, doch waren wir auch nicht glücklich miteinander. Alles war flach. Wir wußten nicht mehr, worüber wir uns unterhalten sollten. Ich wollte eine freundschaftliche Scheidung. Wir waren schon bei verschiedenen Eheberatern gewesen, aber sie bat mich darum, ein Seminar von John Gray zu besuchen und zu sehen, ob wir unsere Ehe nicht doch noch retten könnten. Ich war mir sicher, daß es vorbei war, willigte aber ein, um ihr einen Gefallen zu tun. Nach einer Stunde dachte ich völlig anders. Ich traute meinen Ohren nicht. Sie beschrieben genau unsere Beziehung während der letzten dreiundzwanzig Jahre. Aber jetzt verstand ich sie plötzlich. Die ganze Zeit hatte ich versucht, der liebevolle Partner zu sein, aber ich gab mir selbst nicht, was ich brauchte.

Ich hatte insgeheim immer das Gefühl, daß ich Christy mit nichts glücklich machen konnte. Ich glaubte wie die meisten Männer, ich müßte ihre Probleme lösen, und verstand nicht, daß sie einfach einen Zuhörer und die Gewißheit brauchte, gemocht zu werden. Ich hatte es vor Jahren aufgegeben, weil es völlig gleichgültig war, was ich sagte.

Ich hatte es vor Jahren aufgegeben, weil es völlig gleichgültig war, was ich sagte.

Im Laufe der Zeit erlahmten auch ihre Kräfte. Sie sagte stets, daß sie mich liebte, aber alles, was ich tat, schien nicht genug zu sein. Jetzt weiß ich, warum: Ich hörte nicht zu. Sie klagte immer darüber, daß wir nicht miteinander redeten, aber es gab nichts zu bereden.

Dies hat sich jetzt völlig geändert. Wir können über alles sprechen, weil wir keine Angst haben, einander weh zu tun. Wir können uns sehr viel verständnisvoller über unsere Gefühle unterhalten. Ich habe gelernt, besser zuzuhören, und sie ist viel glücklicher. Wir sind wieder verliebt und freuen uns darauf, für den Rest unseres Lebens verliebt zu bleiben.«

Neues Vertrauen schaffen

Jacob erzählte: »Nachdem ich ›Männer sind anders. Frauen auch.‹ gelesen hatte, glaubte ich, wieder zu meiner Frau zurückkehren und alles besser machen zu können. Wir hatten uns gütlich getrennt. Ich war überzeugt, daß wir es mit diesen neuen Ideen schaffen könnten. Theresa war skeptisch.

Nach vielen Gesprächen zogen wir wieder zusammen, aber sie hegte immer noch Zweifel. Ich hatte all die Jahre viele Fehler gemacht, und sie war nicht überzeugt, daß ich mich ändern würde.

Nach einem halben Jahr taute sie allmählich auf und faßte wieder Vertrauen zu mir. Es war für mich nicht einfach, so lange warten zu müssen, aber die Wiederherstellung des Vertrauens half mir, die Einsichten zu festigen, die ich hinsichtlich Beziehungen brauchte.

Die Wiederherstellung des Vertrauens half mir die Einsichten zu festigen, die ich hinsichtlich Beziehungen brauchte.

Mein Problem war, daß alles nach meinem Willen gehen mußte. Ich hielt ihre Vorstellungen für unvernünftig. Wenn sie sich über etwas ärgerte oder einmal nicht gut gelaunt und freundlich war, zog ich mich in meine Höhle zurück und schmollte. Ich entzog ihr tagelang meine Liebe; wenn ich dann wieder aus meiner Höhle herauskam, tat ich so, als ob nichts gewesen wäre. Immer wieder gab ich ihr so das Gefühl, daß etwas mit ihr nicht in Ordnung wäre. Wir stritten uns, ich verließ das Zimmer, und dann wurde wieder nicht geredet.

Ihre Weigerung, mir einen Vertrauensbeweis zu geben, zwang mich, ihr zu beweisen, daß ich mich ändern konnte. Es wurde mir klar, daß ich mich verschloß und mich lieblos verhielt. Wenn etwas nicht nach meinem Kopf ging. Ich verschließe mich immer noch und ziehe mich in meine Höhle zurück; aber der Unterschied ist jetzt, daß ich aufmerksam und liebevoll bin, wenn ich herauskomme. Ich bin dann wieder für ein Gespräch offen und nehme mir die Zeit, um ihre Sicht der Dinge verstehen und akzeptieren zu lernen.

Nachdem ich wußte, warum sie mir mißtraute, konnte ich ihr durch mein Handeln zeigen, daß ich mich um sie bemühte. So konnte sie sich allmählich öffnen und mich wieder lieben. Wir sind heute so glücklich miteinander, und es ist ein großartiges Gefühl, zu wissen, daß wir den Schlüssel zu unserem Glück in der Hand haben.«

Wir wollen einfach Freunde sein

Von Will hörten wir folgendes: »Meine Freundin Sara sagte mir eines Tages, wir sollten einfach nur noch Freunde sein und sie wolle mit anderen Männern ausgehen. Ich wußte nicht, was ich tun sollte. Sollte ich freundlich lächeln, kuschen und gehen – oder wie? Sollte ich wütend werden und um ihre Liebe kämpfen? Ich war sehr durcheinander. Ich glaubte, ich hätte alles richtig gemacht.

Nachdem ich ›Mars, Venus und Parnterschaft‹ gelesen hatte, wurde mir klar, daß ich *zu* vertraulich gewesen war. In der Beziehung ging immer alles von mir aus. Ich sagte ihr stets, was in meinem Leben geschah. Ich rief sie immer an. Ich dachte, Frauen wollten dies, und ich glaubte auch, ich wollte das selbst.

Ich mußte durch bittere Erfahrungen lernen, daß ›Softies‹ ziemlich nervig sein können.

Ich mußte durch bittere Erfahrungen lernen, daß ›Softies‹ ziemlich nervig sein können. Statt ihr nun vorzujammern, wie verletzt und verlassen ich jetzt sei, beschloß ich, es mit dem Aufschreiben meiner Gefühle zu versuchen. Wie Sie empfahlen, schrieb ich jedesmal einen Brief, wenn sie mir sehr fehlte. Darin brachte ich meine Empfindungen des Zorns, der Trauer, des Verletztseins, der Angst und der Schuld zum Ausdruck. Nachdem ich diese negativen Empfindungen niedergeschrieben hatte, bemühte ich mich, Verständnis, Nachsicht und Liebe auszudrücken. Dies brachte mir nicht nur Erleichterung, sondern verhalf mir schließlich auch zu der Erkenntnis, wie selbstsüchtig und fordernd ich gewesen war. In unserer Beziehung war kein Platz für ihre Gefühle.

Nach einigen Wochen rief ich einmal an, um zu hören, wie es

ihr ginge. Sie war zuerst recht einsilbig. Ich beruhigte sie zunächst, indem ich ihr sagte, daß sie keine Schuldgefühle zu haben brauche, weil sie mich weggeschickt habe. Statt ihr nun von meinen Gefühlen zu erzählen, blieb ich fröhlich und lenkte das Gespräch auf sie. Ich stellte ihr Fragen, und statt Kommentare zu geben, hörte ich einfach zu. Nach einigen weiteren Wochen und mehreren Anrufen lud ich sie zum Essen ein. Sie nahm an, und jetzt, ein Jahr später, sind wir verlobt und wollen heiraten. Es ist kaum zu glauben, daß eine solch kleine Änderung soviel bewirken konnte.«

Eine Bindung eingehen

Keith berichtete: »Janet und ich gingen seit etwa einem Jahr miteinander, als der kritische Punkt kam: Sollte dies eine feste Beziehung werden oder nicht? Sollten wir heiraten?«

Janet: »Ich wollte nicht heiraten, aber eine feste Beziehung mit Keith. Keith wiederum wollte mir nicht versprechen, mit keinen anderen Frauen mehr auszugehen.«

Keith: Dann geschah etwas Interessantes. Wir konnten dieses Problem nicht lösen. Damals kannte ich John Gray schon länger, als ich Janet kannte, und wir ließen uns telefonisch von ihm beraten. Er wiederholte unsere Haltungen, ohne für einen von beiden Partei zu ergreifen, und es war erstaunlich.

›Keith‹, sagte er, ›Sie wollen auch andere Erfahrungen haben, mit anderen Frauen ausgehen, sich sozusagen die Hörner abstoßen.‹ – ›Richtig‹, stimmte ich zu. ›Und Sie, Janet, wünschen, daß Keith Ihnen treu bleibt. Ihr Wunsch nach einer festen Bindung wird von Keith nicht erfüllt.‹ Es war sehr interessant zu hören, wie er Janet in dieser Weise Macht gab, indem er sagte, sie habe ein Recht darauf, daß sie von mir eine klare Bindung verlangen könne.«

Janet: »Ja. John sagte zu mir: ›Haben Sie gehört, was Keith sagte? Er hat soeben gesagt, daß er nicht bereit ist, mit Ihnen eine monogame Beziehung einzugehen. Ist dies für Sie in Ordnung? Können Sie damit leben und trotzdem die Beziehung weiterführen?‹ Ich mußte dies verneinen; ich konnte es nicht.«

Keith: »John sagte also: ›Sie haben es gehört. Ich habe den Eindruck, daß Sie sich trennen müssen. Sie müssen sich entscheiden.‹

Dies war uns wohl irgendwie schon klar, aber John beschrieb die Situation nachdrücklicher, prägnanter, als wir sie gesehen hatten, so daß vor allem Janet hören konnte, was sie nicht bewußt anerkennen wollte.«

Janet: »Ja, er umriß die Situation schärfer und stellte sie so dar, daß wir die Wahrheit über unsere Beziehung sehen konnten. Es war eine schwierige Lektion, eine Lektion in Aufrichtigkeit, die ja bei allem eine so wichtige Rolle spielt. Aber wenn man einmal beschließt, aufrichtig zu sein, dann weiß man deshalb noch nicht unbedingt, wie man dies anstellt.«

Keith: »Ja. Aber John hatte recht: Unsere Haltungen ließen sich nicht miteinander vereinbaren. Wir trennten uns also.«

Janet: »Ich war traurig darüber, daß wir nicht mehr zusammen waren. Trotzdem stärkte es mich, auf der Trennung zu bestehen, denn ich sagte mir: Nun, deine Bedürfnisse werden so, wie es jetzt läuft, nicht erfüllt, also mußt du eine Änderung vornehmen. Ich glaube, daß die Menschen sich in vielen Beziehungen einfach treiben lassen. Aber John machte mir klar, daß ich ein Recht auf meine Bedürfnisse hatte. Es war also sehr schwierig, sich mit dem Gedanken vertraut zu machen, daß wir nicht zusammensein könnten, aber wir waren einfach noch nicht soweit, um uns auf die nächste Ebene zu begeben.«

Wir liebten einander wirklich, aber wir waren einfach noch nicht soweit, um uns auf die nächste Ebene zu begeben.

Keith: »Es war natürlich wichtig, Janet zu stärken, aber John half auch mir, indem er mich nicht ins Unrecht setzte, weil ich mir die Hörner abstoßen wollte. Das ist ja alles nicht so einfach. Ich folgerte daraus, daß ich wegen dieser Gefühle doch kein schlechter Mensch war. Janet und ich gingen also getrennte Wege; und obwohl es mit dem Hörnerabstoßen nicht so großartig lief, konnte ich doch erkunden, was ich erkunden wollte, ohne deswegen verurteilt zu werden.«

Janet: »Die Trennung fiel mir sehr schwer. Wir sahen uns während dieser sechs Monate einige Male, und ich konnte nur weinen. Ich erinnere mich an einen Abend, als – wie soll ich es sagen? – sich die Gelegenheit zu einem vertraulichen Gespräch bot. Es war sehr schlimm, aber ich wußte, daß ich durchhalten mußte. Ich sagte mir: Ich bin einer festen Bindung wert, ich habe ein Recht darauf, und wenn ich sie nicht bekommen kann, dann…«

Keith: »Ja, ich erinnere mich auch an diesen Abend, und es gab noch andere Situationen. Ich hatte große Achtung vor Janet, weil sie zu ihren Überzeugungen stand. Ich respektierte sie deshalb um so mehr – und sie wurde dadurch noch begehrenswerter.«

Janet: »Sechs Monate später sind wir wieder zusammen gekommen. Wir waren ganz schön aufgeregt. Und als unsere Beziehung schließlich wieder bestand, war sie wunderbar. Wir konnten endlich entspannt miteinander umgehen. Wir begannen in einer festen Partnerschaft zu leben.«

Als wir wieder zusammenkamen, war unsere Beziehung wunderbar.

Keith: »Und Aufrichtigkeit war nie ein Problem. Sie war auch davor eigentlich keins – wir waren zwei ehrliche Menschen, die herauszufinden versuchten, was sie tun sollten. Ehrlichkeit ist zwar noch nicht die Garantie, daß man keine Probleme bekommt. Aber seit wir endgültig zusammenleben, sind wir schon in hohem Maße aufrichtig.«

Janet: »Eines der Werkzeuge, die sich in dieser Anfangszeit als nützlich erwiesen, war die Liebesbrieftechnik. Wir wandten sie sehr oft an, und dies half uns, so offen wie nur möglich zu sein. Als wir wieder zusammen waren, schrieben wir immer wieder solche Briefe und zeigten sie dann einander. Das Lesen und Schreiben war wie eine Plattform für unsere Ehrlichkeit. Es ist eines, sich Aufrichtigkeit zu versprechen, und etwas anderes, tatsächlich ehrlich zu sein. Jeder weiß, wie schwierig es ist, zu sagen: ›Weißt du, ich kann es nicht ausstehen, wenn du...‹ Es ist viel leichter, solche Dinge in liebevoller Weise in einem Brief mitzuteilen.«

Keith: »Trotzdem fielen uns die Liebesbriefe nicht wirklich leicht. Wir hatten Auseinandersetzungen, die nicht so einfach enden wollten, und auch in den Briefen fiel es uns schwer, auszudrücken, was wir empfanden. Was guttat, war, daß wir uns gegenseitig erreichen konnten. Oft war am Ende eines Briefes durchaus nicht alles gelöst. Meistens verschaffte der Brief aber doch Erleichterung. In Johns Seminaren habe ich es erlebt, wie Paare sofort mit der Idee der Liebesbriefe zurechtkamen und sie in einer freien Minute einfach herunterschrieben. Bei uns war das nicht so: Es fiel uns schon schwer, sie bloß einander vorzulesen. Aber wir schafften es.

Die Briefe funktionieren. Sie bewirken etwas, und all die Probleme kommen in einer erträglichen Form an die Oberfläche. Dabei lernt man etwas: Wenn es Irritationen zwischen mir und meiner Frau gibt, brauchen wir dies nicht mehr zu vertuschen. Das geht auch gar nicht. Durch die Briefe lernt man, mit Emotionen zu arbeiten.

Dabei lernt man etwas: Wenn es Irritationen zwischen mir und meine Frau gibt, brauchen wir dies nicht mehr zu vertuschen.

Wenn meine Eltern Streit hatten, redeten sie wochenlang nicht mehr miteinander, und wenn es vorbei war, wurde auch nicht über diese schlimme Zeit gesprochen. Mit den Briefen kann man aber aktiv und positiv an den problematischen Emotionen arbeiten, und man wird dabei immer besser.«

Janet: »Schließlich verlobten wir uns, heirateten und bekamen ein Kind. Bevor es zur Welt kam, hatten wir wirklich an unserer Kommunikation gearbeitet, obwohl ich mich eigentlich dagegen sträubte. Wenn es ein Problem gab, und wir uns damit auseinandersetzen mußten, suchte ich immer nach Möglichkeiten, um mich zu drücken. Ich dachte: Damit befasse ich mich nicht, damit habe ich nichts zu tun.«

Keith: »Aber wir hatten John Grays Werkzeuge, die subtil und trotzdem wirkungsvoll sind. Wenn also ein Streit entstand, konnten wir schließlich sagen: ›Wir wissen ja, wie wir hier wieder herauskommen.‹ Möglicherweise konnten wir es nicht sofort lösen, aber wir kannten den Weg zur Lösung.«

Janet: »Das beste für mich war, daß ich lernte, richtig über meine Gefühle zu sprechen. Keith hört mir viel lieber zu, wenn ich einfach über meine Emotionen rede und nicht mit dem Finger auf ihn zeige.«

Keith: »Das stimmt. Sie weiß jetzt, wie sie es sagen muß, wenn sie etwas möchte, und hat auch keine Scheu, es zu sagen. Meist tut sie es in einer Weise, in der sich Achtung mir gegenüber ausdrückt. Durch diese Kommunikationsform, die wir für die Bewältigung von Konflikten entwickelt haben, bekommen wir beide, was wir brauchen.«

Janet: »Als die Kleine kam, fiel es mir schwer, offen und ehrlich zu kommunizieren, wenn sie dabei war. Ich wollte in ihrer Gegenwart keine lauten Töne. Ich wollte ihr Achtung entgegenbringen. Ein- oder zweimal reagierte ich heftig, als sie dabei war, und sie begann gleich zu weinen.«

Als die Kleine kam, fiel es mir schwer, offen und ehrlich zu kommunizieren, wenn sie dabei war.

Keith: »Die meiste Zeit war es wunderschön mit unserem Baby. Aber wenn sie wegen uns weint, dann ist sie ein unschuldiges kleines Stimmungsbarometer, das uns sagt, was wir in seiner Umwelt anrichten. Es ist jetzt also noch wichtiger, gut kommunizieren zu können. Ich glaube, daß die ersten Lebensjahre einen besonders prägenden Einfluß auf Beziehungen haben. Es ist sehr wichtig, für Jennifer die Beziehungsumwelt zu schaffen, die wir ihr geben möchten.«

Aber wenn sie wegen uns weint, dann ist sie ein unschuldiges kleines Stimmungsbarometer, das uns sagt, was wir in seiner Umwelt anrichten.«

Janet: »Aber dies wirkt sich nicht nur auf Jennifer aus. Es gab so viele Probleme, mit denen wir uns befassen mußten, seit sie da ist. Mit ihren Bedürfnissen habe ich mehr zu tun: Ich versorge sie, ich bin zu Hause, und ich muß immer um Keith' Hilfe bitten. Er sieht einfach die Dinge nicht, die ich sehe, und es ist schmerzlich für mich, ihn zum Beispiel zu bitten, den Raumluftbefeuchter nachzufüllen – oder ähnliche Kleinigkeiten. Aber entweder bitte ich ihn darum und kann mich dann darüber freuen, daß er es tut, oder ich trage es mit mir herum und ärgere mich.«

Keith: »›Kleinigkeiten‹ – es ist ein zweideutiger Begriff, denn in der männlichen Welt geht es vielleicht wirklich um Geringfügiges. John sagt, daß man sich einander mit kleinen Aufmerksamkeiten umgeben müsse – Blumen, Karten und so weiter –, und ich habe festgestellt, daß sie nicht nur Janets, sondern unser beider Leben sehr bereichern. Es ist schon lustig: Wir haben endlich einen Babysitter gefunden, so daß wir wieder einmal ausgehen können; und plötzlich erinnerte ich mich auf dem Parkplatz, daß ich Janet früher immer die Tür geöffnet hatte. Ich öffnete ihr also die Tür, und es war so ein Gefühl: Ja, das tat ich doch immer – es ist großartig.«

Janet: »Dies ist mir natürlich aufgefallen. Es war irgendwie albern, aber ich fand es trotzdem schön, weil es uns in unsere erste Zeit zurückversetzte. Keith zeigte mir damit, daß er zuvorkommend sein wollte, und streute so ein wenig Puderzucker auf den Kuchen. Und ich mag Puderzucker sehr.«

Keith: »Sehen Sie, diese Aufmerksamkeiten sind so geringfügig, daß sie trivial erscheinen könnten, aber ich glaube, von ihnen hängt ab, ob Beziehungen Bestand haben.«

Janet: »Für mich sind kleine Dinge, wie die Autotür zu öffnen, irgendwie eine Art phantastisches Vorspiel. Dies ist Liebe. Wir haben soviel mit der Arbeit und dem Baby zu tun, aber wir versuchen, füreinander dazusein. Wir wissen auch, wie wichtig es ist, uns Zeit für Sex und Zärtlichkeit zu nehmen. Wir können nur gute Eltern sein, wenn unsere Beziehung glücklich und gesund ist.«

Wir können nur gute Eltern sein, wenn unsere Beziehung glücklich und gesund ist.

Keith: »Genauso ist es. In schwierigen Zeiten ist manchmal nicht nur die mangelnde Kommunikation schuld. Ich weiß dann, daß wir zu lange nicht mehr zärtlich zueinander waren.

Ich will auch noch etwas über Sex sagen: Ich als Mann muß immer noch lernen, zu verstehen, wie wichtig es ist, sich beim Sex Zeit zu lassen und Geduld zu haben. Sich Zeit zu nehmen bedeutet, Vertrautheit zu schaffen, wodurch die ganze Erfahrung viel schöner wird.«

Janet: »Für mich liegt die große Verbesserung in unserem Sexualleben darin, daß wir ehrlicher miteinander sind. Keith ist die Zeit wichtig – er macht es langsamer –, und für mich ist es die Aufrichtigkeit, daß ich ihm taktvoll und einfühlsam sagen kann, was angenehm ist und was nicht. Beim Sex läuft man immer Gefahr, nicht darüber zu reden; aber wenn man sich wirklich der gegenseitigen Verletzlichkeit bewußt ist, dann kann man sich auch öffnen. Der Sex schweißt uns zusammen.«

Keith: »Wissen Sie, ich habe da einen Freund, der mich fast jede Woche anruft, weil er einen Rat hinsichtlich seiner Beziehung braucht. Dadurch wird mir so deutlich, wieviel ich jetzt weiß. Im Grunde braucht man nur seinen gesunden Menschenverstand einzusetzen, damit es klappt. Ich muß eigentlich nur mit meiner Frau über alles reden, um sie besser zu verstehen. Dann ist Liebe wirklich etwas völlig Einfaches, und das Ganze reduziert sich darauf, unsere Probleme auf praktische Weise zu lösen. Wir streiten, ein altes Verhaltensmuster kommt zum Vorschein, und dann arbeiten wir wieder daran, zu einem harmonischen Zusammensein zurückzufinden. Ich habe das Gefühl, daß wir es langfristig schaffen werden. Daran gibt es keinen Zweifel.«

Janet: »Ja. Ich kann mir gar nicht vorstellen, daß wir nicht verheiratet wären. Wir bekommen zwar oft genug Streit, aber wir haben auch ein festes Fundament und den Willen zu dieser Ehe. Wir werden durchstehen, was wir durchstehen müssen, damit die Ehe klappt. Das großartige ist für mich, daß wir die Werkzeuge hierzu haben. Und diese Werkzeuge rosten nicht vor sich hin: Wir benutzen sie.«

Standards setzen

Cherie wollte es richtig machen: »Wir sahen uns nach zwanzig Jahren beim Klassentreffen wieder. Ken hatte 1973 seinen Abschluß gemacht und ging sofort nach der High-School zur Marine. Ich war schwanger geworden und verließ die Schule gleich im ersten Jahr. Zehn Jahre später machte ich eine Ausbildung in Zahnhygiene.

Als wir uns bei diesem Treffen wiedersahen, hatten wir beide zwei Ehen hinter uns. Ken war Vater eines Kindes im Teenageralter, ich Mutter zweier Kinder, von denen das eine schon erwachsen und das andere sieben war. Ich hatte seit fast acht Jahren keine ernsthafte Beziehung und war, abgesehen von einigen kurzen Bekanntschaften, alleine. Beide Ehen dauerten nicht einmal ein Jahr. Bei der ersten war ich erst vierzehn und wir beide natürlich viel zu jung. Bei der zweiten, die ich mit neunundzwanzig einging, wurde ich von Anfang an mißbraucht.

Kens erste Ehe war wegen der Untreue seiner Frau gescheitert, und die zweite endete nach wenigen Monaten, weil sie zu dem Schluß kamen, daß sie besser Freunde sein konnten.

Auf dem Klassentreffen erkannte ich Ken sofort, obwohl wir eigentlich nie befreundet waren und es nur eine Schulbekanntschaft war. Er war auf der High-School einfach ›der nette Junge von nebenan‹, kein Typ, für den man sich mit vierzehn begeistert hätte. Aber als er mich auf dem Klassentreffen anblickte und mit einer so sanften, beruhigenden Stimme mit mir redete, war ich hingerissen. Er setzte sich zu mir, und wir sprachen mindestens eineinhalb Stunden über unsere Kindheit, Kinder, Ehen und die letzten zwanzig Jahre unseres Lebens. Ich fand: Er ist wirklich ein netter Mensch.

Am nächsten Tag dachte ich mir, daß ich nichts zu verlieren hätte, und rief ihn an. Nun, er kam an jenem Abend zu mir. Wir redeten stundenlang, sahen mit meinem Siebenjährigen Filme an, der einmal, als Ken mir einen Kuß gab, sagte: ›Jetzt reicht's aber, Fräulein!‹ Wir waren so verblüfft, daß wir alle lachen mußten. Ken blieb schließlich über Nacht. Ich erzählte ihm später, daß alles an einem einzigen Wort hing. Als ich ihn scherzhaft fragte: ›Wirst du morgen auch noch Achtung vor mir haben?‹ sagte er: ›Absolut!‹ Und dies ist mein Lieblingswort!

Am nächsten Tag ging er, wie es schon einige Zeit geplant war, wieder nach Oregon zur Schule, um eine Ausbildung als Bauinspektor zu machen. Ich verfolgte ihn unerbittlich mit Karten und Anrufen. Ich besuchte ihn einen Monat später, und er kam mit mir für einige Wochen zurück. Wir unternahmen eine Kreuzfahrt, und mein Sohn, den wir mitnahmen, war etwas eifersüchtig, aber auch er mochte Ken. Nach der Kreuzfahrt ging Ken wieder nach Oregon, kam aber am Thanksgiving Day zurück und blieb dann bei uns.

Wir lebten über ein Jahr zusammen. Wir paßten sehr gut zusammen, auch sexuell, und er war nett zu meinem Sohn. Ein halbes Jahr lang ging alles recht gut, nur kam ich mir ein wenig ausgenutzt vor, weil Ken sich kaum am Finanziellen beteiligte. Ich hatte immer wieder Depressionsschübe, und nach diesem halben Jahr sprach ich das Thema schließlich an. Ich sagte ihm, ich käme mir ausgenutzt vor, weil er nicht anbot, sich an den Kosten für unsere Wohnung zu beteiligen. Er steckte zwar selbst in einer Krise, weil er nach zwanzig Jahren den Dienst bei der Marine quittiert hatte und sich jetzt ein wenig verloren vorkam. Er arbeitete nicht, aber er hatte seine Pension. Ich andererseits hatte eine sehr gut bezahlte Stelle, weshalb es weniger um das Geld als um das Prinzip ging. Er beteiligte sich dann an den Kosten, und es ging ein wenig besser – aber es gab noch etwas anderes.

Ken machte mir von Anfang an klar, er würde mir erst dann sagen, daß er mich liebte, wenn er sich ganz sicher sei. Er meinte, daß er zu unserer Beziehung stehe, aber er konnte mir noch nicht sagen, ob er mich liebe. So hielt also meine Niedergeschlagenheit an. Es ist schon eine Belastung für das Selbstwertgefühl, wenn die Freunde fragen: ›Wie geht's?‹ und man nur antworten kann: ›Ich weiß es nicht.‹

Er meinte, daß er zu unserer Beziehung stehe, aber er konnte mir noch nicht sagen, ob er mich liebte.

Schließlich sagte ich im September zu ihm: ›Wenn du jetzt noch nicht weißt, ob du mich liebst, kannst du besser ausziehen, bis du es weißt.‹ Ken schien Liebe für ein ›Gefühl‹ zu halten, von dem er nicht wußte, ob er es für mich empfand.

Ken zog also aus und nahm für einen knappen Monat eine Stelle an. Als er wiederkam, sagte ich zu ihm, daß wir nicht so weitermachen könnten wie bisher, weil es für mein Selbstwertgefühl unerträglich und auch für meinen Sohn zu schwierig sei, der inzwischen sehr an Ken hing.

Wir trafen einander hin und wieder, aber es war kein erfreulicher Zustand.

Dann sahen wir eines Abends im Fernsehen einen von John Grays Werbespots. Dr. Gray war witzig und unterhaltsam und sprach genau das aus, was ich fühlte. Ich sagte zu Ken: ›Die brauchen wir‹, nämlich die Kassetten. Ken griff zum Hörer und bestellte sie auf der Stelle. Ich konnte es nicht glauben! Ich empfand dies als so positiv und selbstlos – ich war hingerissen.

Wir nahmen die Arbeit mit den Bändern sehr ernst und hörten sie uns jeden Abend an. Oft stellten wir das Band in der Mitte ab und sprachen über das Gesagte oder spulten zurück und hörten es uns noch mal an. Schließlich begriff Ken, was ich empfand. Er konnte – und kann – so gut zuhören und war bereit, alles zu ändern, was geändert werden mußte (er bringt mir jetzt dauernd Blumen, was er früher nie getan hat). Ich meinerseits verstand, wie Marsianer denken. Davor fragte ich mich immer: ›Wie kann er nur so stumpfsinnig sein und nicht begreifen, wie verletzt ich mich fühle?‹

Wir sind jetzt glücklich verheiratet, und ich kann nur sagen, daß wir dies ohne die Bänder nicht geschafft hätten, und wir wissen es beide. Wir sind zwar nicht perfekt, aber was wir haben, steht auf einem festen Fundament. Ich glaube, daß wir wegen unserer schlechten Erfahrungen das jetzt Erreichte mehr schätzen, als es in früheren Beziehungen möglich gewesen wäre. Es gibt noch Probleme und Auseinandersetzungen, aber wir haben ein schönes Leben, und ich bin sehr dankbar für diesen Mann.«

Ein Handbuch für Beziehungen

Sandy erzählte eine generationenübergreifende Geschichte: »Es ist jetzt zwei Jahre her, daß ich Ihr Buch ›Männer sind anders. Frauen auch.‹ gelesen habe, das mir wie kein anderes Buch half, Wes und mich selbst zu verstehen. Es war, als ob Sie es speziell für uns geschrieben hätten. Jemand hatte es im Al-Anon-Büro*

* Die Al-Anon-Familiengruppen (Alcoholics Anonymous Family Groups) sind eine weltweite Gemeinschaft von Angehörigen und Freunden von Alkoholikern, die sich regelmäßig treffen, um durch Gespräche und Erfahrungsaustausch ihre gemeinsamen Probleme zu lösen. (Anm. d. Übers.)

in Tyler, Texas, liegengelassen, wo ich an diesem Tag Telefondienst hatte, und ich verschlang am selben Morgen noch fünfzig Seiten! Es kamen keine Anrufe, so daß ich die ganze Zeit lesen konnte.

Ich rief meine Tochter an und las ihr den Abschnitt über Tom und Mary vor, die sich irgendwo verfahren; Mary gibt ihm den Rat, er solle doch jemanden nach dem Weg fragen. Meine Tochter sagte: ›O nein, Mama, *das* habe ich also die ganze Zeit falsch gemacht!‹** Dann rief ich meinen Mann Wes an, und er sagte: ›Nimm doch dieses Buch bitte zu unserem nächsten Ausflug mit.‹

Ich streite nicht mit ihm deswegen, aber er weiß, daß ich es für albern halte, nicht um Rat zu fragen. Wir scherzen jetzt darüber, und er bittet ein wenig früher um einen Rat.

Ich kaufte fünf Exemplare des Buchs und gab jedem unserer drei erwachsenen Kinder eines mit der folgenden Widmung: ›Dein Vater und ich waren keine besonders guten Rollenvorbilder für Dich, insbesondere als Du noch kleiner warst, weil unsere Ehebeziehung nicht besonders gut war, aber wir hoffen, daß Dir dieses Buch helfen wird, es besser zu machen.‹

Damals blätterte auch die Verlobte unseres Sohnes in diesem Buch und konnte es nicht mehr weglegen – sie nahm es mit nach Hause. John erzählte mir lachend, daß sie ihm später etwas daraus erzählt hätte und sagte: ›Also, ich will dir ja gar keine Ratschläge erteilen oder so…‹ Haha! Sie sind jetzt glücklich verheiratet und kommen hervorragend miteinander aus. Ich bin so froh, daß ein Buch wie das Ihre ihnen ein wenig deutlicher machen konnte, was man für eine gute Beziehung braucht.

Mein Mann ist Alkoholiker auf dem Weg der Genesung und seit fünf Jahren ›trocken‹, und ich habe viele Jahre damit vergeudet, ihn aus seiner Höhle herauszubekommen. Selbst als er nicht mehr trank, wagte er sich kaum einmal heraus.

** Es geht darum, daß Tom (und Männer im allgemeinen) auf einen unerbeteten Ratschlag »allergisch« reagiert. (Anm. d. Übers.)

Ich wäre von allein nie auf den Gedanken gekommen, ihn einfach in Ruhe zu lassen und mir darüber nicht den Kopf zu zerbrechen.

Ich habe jetzt mehr die Motivation, ihn in seiner Höhle zu lassen, und dies ist großartig. Ich wäre von allein nie auf den Gedanken gekommen, ihn einfach in Ruhe zu lassen und mir darüber nicht den Kopf zu zerbrechen. Ihrem Buch verdanke ich den Hinweis, nur zu ändern, was ich ändern kann – nämlich mich ganz allein.

Es fällt mir natürlich immer noch schwer, mich von meinen Erwartungen zu verabschieden. Ich glaubte immer, daß wir uns schon hinsetzen und reden würden, wenn er erst einmal aufgehört hätte zu trinken. Irrtum!

Als kleines Kind verbrachte ich zehn Jahre in einem Kinderheim. Nachdem meine Familie später wieder vereint war, kümmerten sich meine Eltern nie um meine Gefühle wegen dieser Zeit der Trennung.

Ich war schlicht und einfach davon überzeugt, daß sie mich im Stich gelassen hatten, und wenn sich Wes in seine Höhle zurückzog, war dies für mich genau dasselbe. Ich hatte also immer das Gefühl, all dies schon einmal erlebt zu haben. Aber als ich Ihr Buch las, verstand ich plötzlich, daß Männer allgemein sich zurückziehen müssen, um sich über Dinge Klarheit verschaffen zu können.

Ich arbeite seit einiger Zeit daran, von meinen Erwartungen loszukommen. Es war mein sehnlichster Wunsch, ruhiger zu werden und meinen Mann bedingungslos zu lieben.

Ein Problem war immer, daß ich ziemlich laut werde, wenn ich wütend bin. Dies treibt ihn in seine Höhle zurück, was wiederum bei mir das Gefühl verstärkt, im Stich gelassen zu werden; deshalb hat sich dieser Ablauf in unserer Ehe immer wiederholt.

So waren wir also beide zu einem anderen Verhalten gezwungen. Er ging mehr als sonst auf meine Gefühle ein, und ich konnte ihn mehr akzeptieren.

Vor kurzem geschah nun etwas völlig Neues. Wir lebten einige Zeit in Kalifornien, wo Wes beruflich zu tun hatte, in einem Wohnwagen, und ich hatte das Gefühl, daß wir wieder einmal miteinander reden müßten. Ich konnte nicht laut werden, weil es so hellhörig war. Und er lief nicht weg, weil er hier nicht wie zu Hause einen Teich hatte, wohin er angeln gehen konnte. So waren wir also beide zu einem anderen Verhalten gezwungen. Er ging mehr als sonst auf meine Gefühle ein, und ich konnte ihn mehr akzeptieren. Ich vergaß auch nicht, das Gespräch kurz zu halten, und dies half.

Es war ein sehr produktives Gespräch, das nicht mit einer ›tickenden Zeitbombe‹ oder damit endete, daß wir uns voreinander verschlossen, sondern vielmehr mit einer Umarmung und gegenseitiger Liebe. Ich fühle mich seither sehr viel ausgeglichener und zufriedener und empfinde mehr Liebe für den Mann, mit dem ich eine lebenslange Beziehung führen wollte. Zorn, Verbitterung und Groll fielen weiter von mir ab, und ich hatte das Gefühl, einen großen Schritt vorwärts getan zu haben.

Ihr Buch hilft wie kein anderes, die Unterschiede zwischen Männern und Frauen zu verstehen – und es ist so witzig geschrieben! Besonders gut gefielen mir auch die Gegenüberstellungen von Gesprächen – richtige und falsche Reaktionen.

Mein Mann hat es nicht gelesen, und das ist in Ordnung. Ich bin Ihnen jedenfalls ewig dankbar dafür, was mir dieses Buch gegeben hat. Danke auch dafür, daß Sie so offen davon berichten, was Sie und Bonnie in Ihrer Beziehung erlebten. Man hat das Gefühl, Sie schreiben nicht nur *über* etwas, sondern haben wirklich auch in Ihrem eigenen Leben daran gearbeitet.

Ich habe meinen Freunden bei Al-Anon und anderen Ihr Buch

empfohlen. Es findet überall begeisterten Anklang. Nochmals vielen Dank.«

Ein Wiedererkennen

Jeannette erzählte: »Als ich ›Männer sind anders. Frauen auch.‹ las, konnte ich beim siebten Kapitel, ›Frauen sind wie Wellen‹, nicht mehr aufhören zu weinen. Mein Mann hatte vor unserer Beziehung noch nie eine Frau erlebt, die wie eine Welle war, und sagte mir immer, ich sei verrückt. Zu hören, daß ich normal bin, war eine großartige Erfahrung, und ich gab ihm das Buch zu lesen.

Mein Mann sagte mir immer, ich sei verrückt. Zu hören, daß ich normal bin, war eine großartige Erfahrung, und ich gab ihm das Buch zu lesen.

Wir respektieren jetzt einander viel mehr als zuvor. Wir danken Gott, der Therapie und Ihrem Buch dafür, daß wir dies entdecken durften.«

Auf drei Zylindern

Marie berichtete davon, daß ihre Ehe fad geworden war und sie gerade eine Familienkrise überstanden hatte: »Als ich John Grays Buch in die Hände bekam, erfuhr ich soviel über mich und unsere Beziehung. Ich fühlte mich wie ein Baby, das mit diesem Buch eine wunderbare Milch bekam. Ich nahm es überallhin mit.

John sprach genau von dem, was mich so sehr beschäftigte. Das Fundament unserer Ehe war verschüttet, und mein Mann Doug und ich empfanden nichts mehr füreinander.

Und dabei bin ich keineswegs langweilig. Bei mir ist immer etwas los. Auch wenn ich nur Kartoffelbrei mache, kann ich das so aufregend klingen lassen, daß mein Mann es nicht erwarten kann, nach Hause zu kommen. Dies hatte für Doug immer einen besonderen Reiz; er fühlte sich zu mir hingezogen, weil ich das Leben so sehr liebte.

Aber irgend etwas war nicht mehr da – wir hatten etwas verloren, was wir zu Beginn besaßen. Wir liebten einander nach wie vor, aber wir liefen nicht mehr auf acht Zylindern, sondern nur noch auf drei. Wir liebten uns, waren fürsorglich gegeneinander, aber wir hatten keine Gefühle mehr.

Was war los?

Nun, wir steckten in einer Krise. Unsere Liebe war ungebrochen. Wenn wir uns mit Freunden verglichen, war ihnen und uns immer klar, daß wir einander doch sehr liebten. Aber die Firma, für die mein Mann arbeitete und bei der er ein sechsstelliges Einkommen erzielte, schloß plötzlich, und wir mußten unseren Lebensstil drastisch ändern. Doug zog sich in seine Höhle zurück; und weil ich die Fürsorge und den Trost brauchte und hören wollte, daß alles wieder in Ordnung käme, folgte ich ihm dorthin. Ich hielt mich für die beste Ehefrau der Welt. Ich habe Bücher über starke Frauen gelesen, daß zum Beispiel Edisons Frau die Mittel für seine Arbeit beschaffte. Ich glaubte, Doug zu helfen, indem ich ihm in seine Höhle folgte.

Als ich ihm in seine Höhle folgte, hielt ich mich für die beste Ehefrau der Welt.

Dann entdeckte ich John Grays Buch. Eine Freundin erzählte mir von ›Männer sind anders. Frauen auch.‹, und ich dachte: Wenn es eine Ehe gibt, für die ich Bewunderung empfinde, dann ist es die Ehe dieser Freundin – ein Musterbeispiel an Liebe und Zuwendung. Als ich das Buch in einem Laden liegen sah, fragte ich eine Freundin, ob sie sich die Kosten mit mir teilen wolle... bis mir klar wurde, was ich tat, und mit mir selbst ein ernstes Wort redete: ›Marie, du liebst deinen Mann so sehr und willst die Kosten für das Buch teilen? Jetzt mach aber einen Punkt!‹ Und ich kaufte das Buch, finanzielle Krise hin oder her. Als ich es las, entdeckte ich, daß ich Doug schwer verletzt hatte. Ich glaubte, er hätte sich zurückgezogen und mich und die ganze Familie verlassen, als er in seine Höhle ging. Dabei versuchte er nur, sich Klarheit zu verschaffen und uns, so gut es ging, zu schützen. Dies hatte ich davor nicht im mindesten geahnt.

Ich glaubte einfach, Doug wäre am Boden zerstört. Und ich hatte dies auch davor schon viele Male gedacht. Ich selbst bin in der Kommunikation sehr kreativ und habe meine eigenen Tricks, um anderen Menschen ihre Gefühle zu entlocken. Nur mein eigener Mann sprach nie über seine Gefühle, weder mit mir noch mit anderen. Als er sich zurückzog – in seine Höhle, wie ich jetzt weiß –, nannte ich dies eine ›Scheidung‹. Ich hielt es für ein schweres Vergehen, und ich machte ihm Vorwürfe: ›Ich verstehe nicht, warum du dich von mir getrennt hast. Wir lieben einander, und du verläßt mich. Ich bekomme keine drei Worte aus dir heraus.‹ Wir liebten uns sehr, aber im Inneren war ich mir nie wirklich sicher, ob er mich gern hatte. Und ich weiß jetzt, daß er sich nie ganz sicher war, ob ich etwas von ihm hielt. Er glaubte, er wäre vielleicht kein guter Ehemann.

Als er sich zurückzog – in seine Höhle,
wie ich jetzt weiß –, nannte ich dies eine ›Scheidung‹.

Alles falsch. Alles vollständig falsch.

Das nächste, was ich entdeckte, hatte etwas mit mir selbst zu tun. Ich bin eine clevere und erfolgreiche Geschäftsfrau. Und ich glaubte – was mein allergrößter Fehler überhaupt war! –, daß mein Mann meine Geschäftstüchtigkeit an mir schätzte und achtete. Aber seine Liebe und Achtung hatten überhaupt nichts mit dieser Seite von mir zu tun. Ich habe jetzt vielmehr erkannt, daß sie unserer Ehe eher schadete. Natürlich wußte ich das nicht. Ich hatte Angst, hierauf zu verzichten, Angst, mich zu ändern, weil ich fürchtete, dadurch etwas zu verlieren.

Nachdem ich das Buch gelesen hatte, besuchte ich eines von Johns Seminaren, und er tat dort etwas ganz Geringfügiges mit uns, so geringfügig, daß es den anderen Frauen wahrscheinlich entging, was es wirklich bedeutete: Er ließ die Frauen zwitschern (er sagte, dies sei unser Geräusch) und die Männer knurren. Für mich war es eine Offenbarung, als dieses Zwitschern, diese lieblichen Geräusche aus mir herauskamen. Ich hatte geglaubt, daß ich durch solche Laute etwas in meiner Ehe verlieren würde, aber nein: Ich zwitschere jetzt. Ich war ein ziemliches ›Macho-Mädchen‹, aber jetzt zwitschere ich – genauso wie damals, als ich Doug kennenlernte. Ich nutzte die Chance, mich wieder wie ein liebes kindliches Mädchen zu verhalten, und plötzlich hatte ich einen Mann, der im Kino den Arm um mich legte.

Ich hatte plötzlich einen Mann, der ganz weg von mir war und im Kino den Arm um mich legte.

Wo stehen wir heute? Vor einer weiteren großen Wende in unserem Leben: Unser Sohn Richard hat Aids. Aber zwischen Doug und mir herrscht ein neues Verständnis. Ich habe jetzt nicht mehr das Gefühl, daß er von mir ›geschieden‹ ist, wenn er sich in seine Höhle zurückzieht. Ich bin im Gegenteil stolz, weil ich weiß, daß er ein Mann ist, und es gibt mir ein Gefühl der Sicherheit, wenn er dort ist. Ich möchte gar nicht mehr in diese Höhle gehen. Ich möchte nicht sein Inneres verletzen. Ich habe das Gefühl, daß ich sehr viel Glück hatte, denn den wenigsten Frauen wäre wohl nachgesehen worden, was er mir nachsah, und in die wenigsten hätte sich ihr Mann wieder neu verliebt.

Wir haben jetzt die Kraft, uns mit dieser neuen Situation unseres Sohnes auseinanderzusetzen, der wieder bei uns lebt. Wir reden sehr viel miteinander. Dieses Jahr mit meinem Sohn war zweifellos die bereicherndste Erfahrung meines Lebens. Er ist eine sanfte Seele und ein schöner Mensch, und er ist auf der Suche nach der Schönheit. Was ich von John Gray über Doug und über Männer und Frauen gelernt habe, hilft mir jetzt zu verstehen, welch einem wunderbaren Menschen ich das Leben geschenkt habe.

Bei der Erkundung seines eigenen Lebens hat Richard mir erzählt, daß er sich in vielerlei Hinsicht unzulänglich fühlte. Aber vor dem Hintergrund meiner neuen Erkenntnisse weiß ich jetzt, daß er einer der stärksten Menschen, einer der stärksten Männer ist, die ich kenne. Johns Arbeit hat mir geholfen, Richard auf seine Stärken aufmerksam zu machen: daß er zu bedingungslosen Berührungen fähig ist, sehr gefühlvoll und sensibel ist, über heikle Themen sprechen kann, an die sich sein Bruder nicht heranwagen würde, nein sagen kann, wenn er nein meint, ja, wenn er ja meint, daß er die Freude in meinen Augen wahrnehmen und schätzen kann, die es mir bereitet, die Wahrheit über Männer und Frauen zu erfahren. Richard liebt John Gray, weil er sieht, wie ich mich freue – und es ist ein Geschenk, sich freuen zu können, obwohl ein Kind krank ist, und dem Tod eines Kindes ohne Bitterkeit entgegensehen zu können.

Johns Arbeit hat mir geholfen, meinen Sohn auf seine Stärken aufmerksam zu machen.

John Gray hat mir also dazu verholfen, daß ich wieder all jene Fähigkeiten entwickelte, die ich hatte, als ich mich in Doug verliebte. Er hat mir meine damalige Weichheit zurückgegeben. Er hat mir die Augen geöffnet und das Verständnis für das Zusammensein mit Richard ermöglicht, für die täglichen Gespräche mit ihm, als ob er wieder drei Jahre alt und gerade auf meinen Schoß geklettert wäre. All dies hängt miteinander zusammen.

Doug ist immer noch still, sogar stiller als je zuvor. Er äußert sich kaum. Aber gerade heute morgen, da Weihnachten vor der Tür steht, kam er herein und sagte: ›Hier ist mein bestes Geschenk für dich, Marie: Ich schenke dir diesen Vormittag und alle anderen Vormittage, damit du mit Richard reden kannst.‹ Und es ist wirklich das beste Geschenk. Er hat mein Leben sicher gemacht, so daß ich mit Richard soviel reden kann, wie ich möchte und wie nötig ist.

Mein ganzes Leben lang – und ich bin jetzt sechsundfünfzig – habe ich versucht, herauszubekommen, wie ich Frau, Ehefrau und Mutter zugleich sein kann. John Gray hat die Puzzlestücke zusammengefügt.

Es scheint, daß jetzt alles seine Ordnung gefunden hat.

Und neulich geschah noch etwas Lustiges! Wir hatten von Freunden ein Auto gekauft und fuhren getrennt nach Georgia zurück. Ich hatte eine Kassette von John Gray, die ich in das neue Auto steckte. Doug stieg ein und fuhr los – und unterwegs stellte er fest, daß er das Band nicht abstellen und auch nicht aus dem Kassettenrecorder herausbekommen konnte.

So lief das Band also pausenlos, neun Stunden lang. Neun Stunden John Gray. Neun Stunden von Georgia bis Florida mit einer Kassette, die sich nicht abschalten ließ! Ich fuhr die ganze Zeit hinter ihm her und hatte keine Ahnung von dem Ganzen. Als wir schließlich zu Hause ankamen, konnte ich nach dieser Dauerberieselung wenigstens ein paar Sätze aus ihm herauskriegen… Vor einem Jahr wäre ich noch in Panik geraten. Jetzt habe ich gelacht wie schon lange nicht mehr!«

Grüße vom Mars und von der Venus

Die Erfolgsberichte von liebenden Paaren zeigen immer wieder, wie wichtig es ist, zu wissen, daß Männer und Frauen Liebe in unterschiedlicher Weise schenken und empfangen. Schon oft hat es sich als Schlüsselerkenntnis für die prompte Verbesserung einer Beziehung erwiesen, daß Männer vom Mars und Frauen von der Venus stammen. Wenn man sich in ein anderes Land begibt, dann sollte man sich ja auch zuerst mit der Sprache, der Kultur und den Traditionen seiner Bewohner beschäftigen. Ohne diese wichtigen Informationen kann man immer wieder unwissentlich Menschen beleidigen und in seinen Beziehungen Schiffbruch erleiden. Um erfolgreich Grüße vom Mars und der Venus überbringen und auf der Erde in Liebe und Frieden miteinander leben zu können, muß man zuerst verstehen, was der Partner wirklich braucht.

Wenn man jemanden liebt, behandelt man ihn ganz automatisch so, wie man selbst behandelt werden möchte. Dies führt aber oft zu unerwarteten Reaktionen, falls man das Gegenteil dessen möchte, was der Partner will. Man gibt auch das, was man selbst bekommen möchte; hier kann es ebenso passieren, daß es dann etwas anderes ist als das, was der Partner braucht. Das Wissen um unsere Unterschiedlichkeit motiviert dazu, die besonderen Bedürfnisse des oder der Geliebten wahrzunehmen und zu achten, statt anzunehmen, man wüßte selbstverständlich, was für ihn oder sie am besten ist.

Ohne ein tieferes Verständnis dafür, wie man Liebe schenkt und empfängt, erlebt man immer wieder Enttäuschungen. Nur allzu leicht mißachtet man, was dem Partner wichtig ist, wenn man selbst andere Bedürfnisse und Prioritäten hat. Die Lektüre von ›Männer sind anders. Frauen auch.‹ lehrt Männer, wie wichtig es ist, daß Frauen das Gefühl haben, umsorgt, geachtet und verstanden zu werden; und Frauen, daß sie Männern vor allen Dingen Vertrauen und Wertschätzung entgegenbringen sollten. Männer lernen, auf bestimmte Dinge zu achten, die einer Frau sagen: »Ich mag dich«; und Frauen, auf Aufmerksamkeiten des Mannes in einer Weise zu reagieren, die ihre Wertschätzung erkennen läßt.

Die folgenden Geschichten und Beispiele von Paaren, die eine erfolgreiche Liebesbeziehung herstellen konnten, sind nicht nur inspirierend, sondern zeigen auch, auf wie unterschiedliche und vielfältige Weise man seinen Partner lieben kann.

Er gibt mir das Gefühl, einzigartig zu sein

Debby erzählte über ihre Ehe, die von Beginn an funktionierte: »Vor unserer Hochzeit unterhielt sich Spencer einmal am Telefon mit meiner Großmutter, und sie sagte zu ihm: ›Du weißt nicht, wie einzigartig Debby ist. Du weißt gar nicht, wie wunderbar…‹, und Spencer unterbrach sie: ›Oma, ich werde sie auf Händen tragen.‹ Und das tut er. Er gibt mir wirklich das Gefühl, einzigartig zu sein.

Ich war schon einmal verheiratet gewesen, aber mit jemandem, der absolut der falsche Partner für mich war. Er war lieb und nett, aber wir unterschieden uns wie Tag und Nacht. Wir hätten in jedem einzelnen Aspekt unseres Lebens nicht gegensätzlicher, nicht weiter voneinander entfernt sein können. Später bekam ich zu hören, daß schon unsere Hochzeitsgäste Wetten darüber abgeschlossen hatten, wie lange die Ehe wohl halten würde. Alle außer mir sahen, was ich erst ein Jahr nach unserer Trauung feststellen sollte.

Nach der Scheidung war ich die glücklichste Alleinstehende in ganz Amerika. Ich war so glücklich, es hinter mir zu haben!

Andere geschiedene Frauen schienen dies durchaus nicht zu genießen – sie fühlten sich elend und wollten bloß wieder verheiratet sein. Aber ich hatte Lust dazu, einfach nur mit Männern auszugehen. Ich amüsierte mich herrlich. Die Männer, die ich fand, wurden immer besser – ich hätte eine positive Lernkurve zeichnen können: Jeder Mann, mit dem ich ausging, paßte besser zu mir. Dann traf ich jemanden, der für mich völlig unerreichbar war. Ich hatte ihn gern und wollte mehr, als ich bekommen konnte. Zu diesem Zeitpunkt beschloß ich, eine Kontaktanzeige aufzugeben. Annoncen sind eine großartige Möglichkeit, Menschen kennenzulernen: Man teilt seine Erwartungen mit, hat alles im Griff und kann genau formulieren, was man sucht. Und ich wußte, was ich wollte: jeden Samstagabend und Sonntagnachmittag und an Silvester gemeinsam ausgehen und jemanden, der mich zu Hochzeiten, Bar-Mizwa-Festen und zu Beerdigungen begleitete. Und vielleicht hätte ich zwischendurch sogar einmal Lust auf einen Ausgehabend unter der Woche.

Er sagte, er wolle mich heiraten. Er wollte eine feste Bindung.

Als ich Spencer begegnete, sagte er, er wolle mich heiraten. Er wollte eine feste Bindung. Anderthalb Jahre zuvor hatte er sich nach drei Ehejahren scheiden lassen und wollte jetzt wieder heiraten. Ich sagte nein, ich hätte keine Lust dazu. Er antwortete mir, er wolle trotzdem eine Weile bei mir bleiben, falls ich es mir nicht doch noch anders überlegen würde.

Ich fühlte mich irgendwie erpreßt, aber dann stellte ich plötzlich fest, daß ich ihn gern in meiner Nähe hatte. Ich wollte ihn öfter sehen, als ich ursprünglich in meiner Anzeige geschrieben hatte. Wir amüsieren uns noch heute darüber, wenn wir zu einer Hochzeit oder einer Beerdigung gehen und er mich immer fragt, ob er seinen Job denn gut gemacht habe!

Eigentlich wußte ich doch schon ziemlich bald, daß dies ein Mann war, den ich heiraten konnte. In gewisser Weise muß ich dafür meinen Eltern dankbar sein. Sie lebten in einer unglücklichen Ehe und waren nur ›der Kinder wegen‹ beisammengeblieben. Ich bat sie darum, sich scheiden zu lassen. Als sie uns Kinder fragten, was wir uns zu Weihnachten wünschten, sagten wir immer: ›Trennt euch!‹ Ihrem Unglück verdanke ich die Einsicht, daß ich meinen ersten Mann verlassen mußte, diese Ehe war nicht zu retten. Aus demselben Grund wußte ich auch, daß es richtig für mich war, Spencer zu heiraten. Es ging weiterhin alles gut. Ich hätte nie gedacht, daß es eine solche Ehe geben könnte, weil ich es noch nie erlebt hatte. Aber ich wußte, daß es richtig war, was jetzt geschah.

Ich hätte nie gedacht, daß es eine solche Ehe geben könnte, weil ich es noch nie erlebt hatte.

Es ist schon eigenartig. Die meisten Menschen lesen John Grays Bücher so gerne, weil sie ein Problem haben, das sie lösen wollen. Aber als ich auf ›Männer sind anders. Frauen auch.‹ stieß, gefiel mir das Buch deshalb, weil es mir bestätigte, daß es generell funktionierte, was Spencer und ich taten. Ich sah auch, *warum* es zwischen uns klappte. Schon der Untertitel machte es mir klar: Ja, wir stammen von unterschiedlichen Planeten, und nicht *dieser* Mann ist anders, sondern alle Männer. So ist es nun einmal, und man muß die Realitäten akzeptieren und nicht die ganze Zeit versuchen, sie zu ändern. Ein solches Sichfügen paßte gut zu unserem Temperament. Hierüber haben wir nachgedacht, damit haben wir uns in unserem spirituellen Leben beschäftigt und es praktiziert: Akzeptieren der Wirklichkeit – darin übten wir uns.

Und dann die Werkzeuge. Die vielleicht wichtigste Kommunikationsfertigkeit, die John Gray erwähnt, ist das Zuhören. An meinem Ehemann habe ich einen Menschen, der von sich aus zuhört. Ich glaube, es ist ein großes Glück, ihn gefunden zu haben. Plötzlich hatte ich einen Zuhörer, statt nur neben jemandem herzuleben – ohne eine eigentliche Überschneidung. Spencer und ich waren auf derselben Wellenlänge. Die Krönung ist die Liste in seiner Brieftasche, auf der er alles aufgeschrieben hat, was er mir schenken wollte. Er hört so gut zu, was ich nicht nur zu ihm, sondern auch zu anderen sage, daß er alle diese kleinen Hinweise auffängt und sich notiert, damit er sie nicht vergißt. ›Ach, ich habe etwas so Schönes gesehen‹, sagte ich. ›Diese wunderbare Anstecknadel in diesem und jenem Geschäft.‹ Oder: ›Dieses Lied gefällt mir unheimlich gut.‹ Und er notiert sich ›Anstecknadel im Geschäft‹ oder den Titel eines Songs. Er verwöhnt mich ständig so mit Überraschungen und Aufmerksamkeiten, daß ich wirklich aufpassen muß, was ich sage!

Er fängt alle diese kleinen Hinweise auf und notiert sie sich, damit er sie nicht vergißt.

Er hört auch zu, wenn ich mir über etwas Sorgen mache. Was ich zum Beispiel nicht ausstehen konnte, waren Krümel im Bett. Also kaufte er einen kleinen Besen, den er an seiner Seite des Bettes aufhängte. Er ist aufmerksam, romantisch und hört zu. An dem, was er tut, kann man erkennen, daß er wirklich zuhört.

Unsere gemeinsamen Hobbys sind Radfahren, Wandern und Spiele. Wir haben großen Spaß miteinander und lachen viel. Wir versuchen uns gegenseitig immer zum Lachen zu bringen, und wir sind beide Optimisten, was sehr vorteilhaft ist. Etwas, was uns besonders verbindet, ist der natürliche Antrieb, unsere Dankbarkeit zu äußern. Wir haben zum Beispiel begonnen, vor dem Essen zu beten, und dies ist jetzt eine Gelegenheit, um zu sagen, wofür wir dankbar sind: nicht nur für das Essen, sondern auch dafür, daß wir einander haben, für unseren Wohnort, dafür, daß wir genug Geld haben, um Bedürftigen etwas zu geben. Einmal in der Woche arbeiten wir ehrenamtlich in einer karitativen Einrichtung, servieren Mahlzeiten in einer Essensausgabe für Mittellose und tun andere Dinge, um der Gemeinschaft etwas zurückzugeben. Wir betrachten dies als eine frohe Aufgabe, zu der wir uns beide verpflichtet haben. Wir empfinden es als Glück, daß wir Zeit erübrigen können, um dies zu tun, und es verstärkt auch unsere Bindung, weil es eine gemeinsame Erfahrung ist. O ja, ich danke Gott jeden Tag für mein Glück.

Ich habe keine Ahnung, wie unsere Zukunft aussehen wird. Spencer ist fast zwanzig Jahre älter als ich, und das Ende seiner beruflichen Laufbahn steht bevor, während ich gerade dem Höhepunkt meiner Karriere entgegenstrebe. Er wird bald mehr Freizeit haben als ich. Dies wird ganz sicher einmal ein Thema werden, und doch blicke ich voller Vertrauen in die Zukunft. Ich weiß nicht, was wir in fünfzehn Jahren tun werden, aber ich bin mir sicher, daß wir es gemeinsam tun.

Ich könnte überströmen vor Dankbarkeit darüber, daß mich Spencer so sehr liebt. Er überschüttet mich mit Aufmerksamkeiten, und sooft er es tut, erfahre ich dadurch, daß ihm an meinem Glück liegt. Ich muß deshalb darauf achten, nicht zuviel zu verlangen, aber es hat für mich einfach etwas so Beruhigendes, zu wissen, daß er für mich da ist. Ich glaube auch, Frauen sind von Natur aus gerne dankbar, wie John Gray sagt; und ich bin froh, daß John Menschen diese Fähigkeit lehrt.

Es hat für mich etwas Beruhigendes, zu wissen, daß er für mich da ist.

Ich danke Gott jeden Tag für mein Glück, aber wofür ich am meisten dankbar bin, ist wohl die Tatsache, daß Spencer zuhört. Ganz zu schweigen davon, daß ich jeden Samstag, Sonntag und an Silvester ausgeführt werde …!«

Wir stritten pausenlos

Sheri berichtete: »Mein Mann Dave und ich gingen zur Eheberatung. Wir liebten uns zwar, aber wir stritten trotzdem pausenlos. Das Idiotische daran war, daß es sich immer um Belanglosigkeiten handelte. Es waren meist Zänkereien, die durch einen Mangel an Kommunikation entstanden. Ich habe selbst ein Diplom als psychologische Beraterin, weshalb es mir besonders peinlich ist, dies einzugestehen. Ich sollte es eigentlich besser wissen… aber es ist die alte Geschichte: Der Arzt, der sich selbst heilen will, ist nicht gut beraten.

Jedenfalls konnten auch wir uns nicht helfen, weshalb wir zur Eheberatung gingen. Bei einem dieser Gespräche empfahl uns der Therapeut Ihr Buch. Nachdem ich angefangen hatte zu lesen, konnte ich es kaum erwarten, darüber zu diskutieren. Bald begannen wir in unseren Gesprächen aus Ihrem Buch zu zitieren.

Wir sagten häufig Dinge wie: ›Ich glaube, daß du in deiner Höhle bist; laß es mich wissen, wenn du wieder herauskommst.‹ Oder: ›Ich habe nichts, ich bin nur in meiner Höhle.‹ Oder ›Rede ruhig weiter; ich weiß ja, daß dies Venus-Art ist.‹ Es war ganz erstaunlich, wieviel konfliktfreier unser Leben wurde. Mit ein klein wenig Einsicht in unsere psychologische Verfassung gelang es uns plötzlich, dem größten Teil der alten Streitereien vorzubeugen. Und wir konnten auch auf die Eheberatung verzichten.

›Ich glaube, daß du in deiner Höhle bist; laß es mich wissen, wenn du wieder herauskommst.‹

Vorigen Sommer organisierte meine Firma eine Zusammenkunft in Puerto Rico. Ich sollte daran teilnehmen, und mein Mann war ebenfalls eingeladen. Am ersten Tag auf der Insel nahmen wir ein Wassertaxi, das uns auf eine einsame Insel brachte. Als wir ausstiegen, sahen wir, daß einige meiner Kolleginnen und Kollegen und ihre Partner dieselbe Idee gehabt hatten, weshalb wir beschlossen, die Insel gemeinsam zu erkunden. Gemeinsam – bis auf Dave.

Mein Mann ging einfach allein los. Er setzte sich von der Gruppe ab und schlug einen anderen Weg ein. Einen kurzen Augenblick erwog ich, ihm nachzueilen und ihm gehörig die Meinung zu sagen: ›Wie kannst du nur so unhöflich sein, einfach wegzulaufen und mich zurückzulassen. Meine Freunde müssen denken, daß du nicht mit ihnen oder mit mir zusammensein willst. Du hast mich bloßgestellt.‹ Und so weiter.

Aber ich hielt mich zurück. Ich erkannte plötzlich, daß er sich in seine Höhle zurückgezogen hatte und nichts dabei fand, seiner eigenen Wege zu gehen. Vielleicht war ihm das Ganze zuviel geworden, und er mußte eine Weile in seiner Höhle sein, um sich zurechtzufinden. Vor allem wußte ich, daß er bei seiner Rückkehr besserer Stimmung sein würde, wenn ich ihn jetzt einfach gehen ließe. Er würde sich von seiner besten Seite zeigen, und ich könnte noch stolzer auf ihn sein, wenn ich ihn meinen Kollegen vorstellte.

Ich erkannte plötzlich, daß er sich in seine Höhle zurückgezogen hatte und nichts dabei fand, seiner eigenen Wege zu gehen.

Als ich mit meinen Freunden weiterging, erwähnte ich das Buch ›Männer sind anders. Frauen auch.‹ und wie es unser Leben verändert hatte. Einer der Männer sagte, es sei klug von mir, Dave einfach gehen zu lassen, und er brauche dies wahrscheinlich gerade. Ich nickte wissend und kam mir fast ein wenig selbstgefällig vor, als mir klar wurde, daß er als Marsianer natürlich wußte, was ich endlich auch verstanden hatte. Ich wußte es, weil ich es in dem Buch gelesen hatte, er, weil er ein Mann war. Dieser eine

Akt des Vertrauens, des Loslassens, der Einsicht, wie auch immer man es nennen mag, rettete die ganze Reise. Dave kehrte schließlich um und schloß sich der Gruppe an. Der Rest der Reise war einfach märchenhaft. Wir stritten kein einziges Mal!

Einer der Männer sagte, es sei klug von mir, Dave einfach gehen zu lassen.

Auch heute noch greifen wir immer wieder gerne auf das Buch zurück. Es ist Teil unseres alltäglichen verbalen Umgangs geworden. Inzwischen haben es auch unsere Freunde gelesen, so daß wir alle uns routinemäßig darauf beziehen. Letztes Wochenende machten meine Freundin und ich den ganzen Tag einen Einkaufsbummel. Als wir diesen Tag planten, sagte Dave zu mir: ›Ihr Mädchen müßt ja auch mal zusammensein. Eben typisch Venus! Laßt euch nicht aufhalten – bleibt so lange weg, wie ihr wollt. Ich warte zu Hause auf euch.‹ Was könnte sich eine Frau mehr wünschen!«

Sex und Zärtlichkeit

Alice sprach darüber, wie sich ihr sexuelles Leben verbesserte: »Mein Mann Andrew ist der Typ des großen Schweigers. Es fällt ihm sehr schwer, seine Gefühle zu zeigen. Dies belastete mich sehr, weil ich glaubte, nicht geliebt zu werden und nicht an ihn heranzukommen. Nach einiger Zeit hatte ich keine Lust mehr auf Sex mit ihm. Ich brauche sehr viel zärtliche Zuwendung, um erregt zu werden und mich hingeben zu können. Ich brauche auch die Versicherung, daß ich attraktiv bin. Weil ich nichts von schweigenden Marsianern wußte, schien mir das Ganze hoffnungslos zu sein.

Nachdem ich ›Mars, Venus und Partnerschaft‹ gelesen hatte,

war mir klar, daß ich alle Liebe und Aufmerksamkeit bekommen konnte, die ich brauchte. Ich wußte jetzt, daß er all die zärtliche Zuneigung in sich trägt, die ich mir wünschen kann, nur ist sie auf der anderen Seite des Berges. Dieser Berg ist das gemeinsame sexuelle Erleben unserer Liebe.

Ich sehe das Ganze jetzt als ein wunderbares Abenteuer, als eine Reise, in der ich einen Teil meiner Bedürfnisse zurückstellen muß, bis wir über den Berg sind. Und nach dem Sex ist mein Mann in der Tat immer liebevoll, warmherzig und zärtlich. Er ist geradezu ein anderer Mensch! Er sagt sogar Dinge wie: ›Du bist eine großartige Liebhaberin.‹ Oder: ›Du bist so schön.‹ Er umarmt mich und massiert meinen Rücken, und manchmal öffnet er sich sogar und redet mit mir, während wir einander in den Armen liegen.

Er umarmt mich und massiert meinen Rücken, und manchmal öffnet er sich sogar und redet mit mir, während wir einander in den Armen liegen.

Ich muß mich einfach an alle diese Dinge erinnern, sie im ›Hinterkopf‹ behalten, damit sich die Erregung für die nächste Reise über den Berg einstellt.

Zur Abwechslung, die wir Frauen ja lieben – auch das steht in diesem Buch! –, stelle ich mir manchmal vor, daß mein Mann in einem großen goldenen Käfig sitzt. Unser Liebesspiel ist der Schlüssel, den er zu seiner Befreiung braucht. Und es funktioniert!

Ja! Ich bin jetzt eine bereitwillige Partnerin im Bett, weil ich weiß, daß wir unterschiedliche Bedürfnisse und Reaktionen haben.«

Endlich die Liebe entdecken

Victoria hatte folgendes erlebt: »Ich bin sechsunddreißig, mein Mann Edward ist sechsundvierzig. Er ist mein zweiter Mann, und ich bin seine dritte Frau. Wir haben viel Schmerzliches in unseren Beziehungen erlebt, aber jetzt haben wir endlich die Liebe gefunden.

Ich weiß, daß mich mein früherer Ehemann auf seine Art liebte, doch ich stand immer in der zweiten Reihe: Seine Freunde kamen zuerst. Ich konnte mich damit nicht abfinden, aber für ihn waren meine Bedürfnisse nur lästig. Wir gingen zum Therapeuten, um die Probleme in unserer Beziehung zu lösen; bald tat ich jedoch den entscheidenden Schritt und verließ ihn. Und ich habe diesen Schritt niemals bereut.

Als ich Edward begegnete, schwebte mir alles andere vor als eine neue Beziehung. Freunde hatten uns miteinander bekannt gemacht, als er aus Südafrika zu Besuch war. Ich war auf der Hut, und ohnehin hatte Edward eine Freundin. Aber wir telefonierten miteinander, nachdem er in seine Heimat zurückgekehrt war, und als die Beziehung mit seiner Partnerin zu Ende ging, überredete er mich, ihn einmal zu besuchen.

Wir wußten, daß es nicht unbedingt zwischen uns ›gefunkt‹ hatte. Aber als mich Edward ein Jahr später besuchte, sah alles anders aus. Ich las damals ›Männer sind anders. Frauen auch.‹, während er das Buch gerade fertiggelesen hatte. Es geschah etwas Unerklärliches, Unglaubliches und Unvermeidliches mit uns. Wir gingen ineinander über wie zwei Meere. Wir waren einfach soweit, und die zeitliche Abstimmung hätte nicht besser sein können. Von diesem Augenblick an waren wir unzertrennlich.

Ich glaube, es hat uns sehr geholfen, daß wir nicht von Beginn an Hals über Kopf ineinander verliebt waren. Wir ließen es langsam angehen und entwickelten erst eine Freundschaft, die zur Grundlage für eine dauerhafte Beziehung wurde. Wir entdeckten so viele Gemeinsamkeiten, daß es fast beängstigend war. Edward war der Traum einer jeden Frau: realistisch, gutmütig, warmherzig, ehrlich, sensibel und trotzdem fest mit beiden Beinen auf der Erde, liebevoll, sanft, klug, verantwortungsbewußt, aufmerksam, verständnisvoll, attraktiv, witzig, freundlich, heiter… Die Liste ließe sich endlos fortsetzen.

Er behandelt mich respektvoll und als gleichberechtigten Partner.

Er behandelt mich respektvoll und als gleichberechtigten Partner. Wir halten einander fest, umarmen uns so oft, wie wir es brauchen, kuscheln uns aneinander, sprechen über alles und jedes. Wir versuchen, soviel wie möglich beisammenzusein und dies zu genießen. Die Grundlage unseres Erfolgs ist, daß wir auf unsere gegenseitigen Wünsche und Bedürfnisse achten.

So möchte Edward zum Beispiel, daß ich ihn an der Tür mit einer herzlichen Umarmung und einem ›Schön, daß du wieder da bist‹ begrüße. Für mich ist es nicht nur herrlich, ihn am Ende des Tages oder nach einer Reise wiederzusehen, sondern meine Liebe zu ihm wächst auch, wenn ich seine Wünsche beachte, statt sie zu ignorieren. Seinen Bedürfnissen zu entsprechen ist für mich also ebenso erfüllend wie für ihn. Unsere Liebe zueinander ist bedingungslos und wächst mit jedem Tag.

Vielleicht glauben Sie jetzt, dies alles klingt zu schön, um wahr zu sein. Aber würden Sie ihn kennen, dann wüßten Sie, daß er ein ganz einfacher, liebenswürdiger und sanfter Mensch ist, der mit beiden Beinen auf der Erde steht, der sehr viel Liebe und Aufmerksamkeit gibt und in derselben Weise zurückempfängt. Aber natürlich ist es nicht so, daß es nicht auch einmal kriseln würde. Ja – wir haben Auseinandersetzungen wie andere Menschen auch. Wir werden laut und sind in diesem Augenblick vielleicht sogar böse aufeinander. Ich rede manchmal pausenlos, und er ist zuweilen in seiner Höhle. Aber wir sind nicht allzulange

›sauer‹ und erinnern uns daran, daß unsere Liebe stärker ist als die Meinungsverschiedenheit, und wir beruhigen uns relativ schnell wieder.

Wir sind jetzt vier Jahre miteinander verheiratet, und ich bin im sechsten Monat schwanger. In diesem Zustand haben wir Frauen ein noch größeres Bedürfnis, geliebt, umsorgt und verwöhnt zu werden. Und Edward tut dies. Er streichelt meinen Bauch und redet andauernd mit dem Kind. Neulich sagte er mir, daß er nach der Geburt die Möbel umstellen wolle, damit er nachts leichter zu dem Baby käme, wenn er es füttern würde. Ich weiß, daß er ein wunderbarer Vater sein wird. Es macht ihm nichts aus, im Haus sauberzumachen, das Geschirr zu spülen, Windeln zu wechseln… der Gedanke, Mutter zu werden, macht mich schon ein wenig nervös, aber Edward gibt mir das Gefühl, daß alles gutgehen wird.

In der Schwangerschaft haben wir Frauen ein noch größeres Bedürfnis, geliebt, umsorgt und verwöhnt zu werden.

Wir sind sehr glücklich, daß wir einander und eine Liebe gefunden haben, wie wir sie beide bisher nicht kannten. Wie das Sprichwort sagt: ›Wer suchet, der findet.‹ Und dazu muß man Herz, Augen und Ohren offenhalten.«

Ein klassisches Mars-Venus-Dilemma

Barbara wußte von einer bemerkenswerten Änderung in ihrer Ehe zu berichten: »Roger und ich haben vor drei Jahren geheiratet. Wir führen ein wundervolles, erfülltes und behagliches Leben. Aber dies war nicht immer so. Bevor wir ›Männer sind anders. Frauen auch.‹ gelesen hatten, gab es oft Differenzen. Ich hatte nie das Gefühl, daß er mir wirklich zuhörte, und er glaubte, ich wäre nie zufrieden: das klassische Mars-Venus-Dilemma.

Ich provozierte Auseinandersetzungen in unserer Beziehung, nur damit er sich hinsetzte und mit mir redete. Manchmal zogen sich diese Gespräche bis tief in die Nacht hinein, bis zwei oder drei Uhr morgens. Schließlich wurde mir bewußt, daß ich nach Gründen für eine Auseinandersetzung suchte, nur damit er mit mir sprach. Dann hatte ich seine ungeteilte Aufmerksamkeit. Aber ich provozierte damit natürlich auch etwas, womit ich nicht gerechnet hatte: seinen Zorn.

Ich provozierte Auseinandersetzungen in unserer Beziehung, nur damit er sich hinsetzte und mit mir redete.

Es wurde mir schließlich klar, daß es keinen Sinn hatte, einen Streit über Belanglosigkeiten vom Zaun zu brechen, weil er sich nach dem Gespräch nur noch weiter in seine Höhle zurückzog. Ich fühlte mich besser, weil ich endlich Gelegenheit bekam, zu reden und alles loszuwerden, was mich beschäftigte, aber er war frustriert.

Roger glaubte, für alle meine Gefühle verantwortlich zu sein, und er versuchte daher, mich über meine Probleme zu belehren. Aber ich wollte keine Belehrung; ich wollte einfach, daß er mir zuhörte. Weil hier nur dieses klassische Schema ›belehren/einfach zuhören‹ ablief, führten diese stundenlangen Streitgespräche zu gar nichts.

Das ging drei Jahre lang so, bis ich ›Männer sind anders. Frauen auch.‹ las und unsere Unterschiedlichkeit erkannte. Ich bat Roger, sich die Kassette anzuhören und das Video anzusehen, und danach wurde unsere Beziehung anders. Wir begannen die Tatsache zu akzeptieren, daß wir verschieden sind.

Wenn ich jetzt das Gefühl habe, daß er wieder einmal so richtig marsianisch ist, bilde ich mit Zeige- und Mittelfinger das V-Zeichen und halte sie hinter meinen Kopf, so daß sie über meinem Haar sichtbar sind. Ich bewege die Finger ein wenig hin und her und mache ihm damit scherzhaft deutlich, daß er jetzt wieder ›mein liebster Marsianer‹ ist.

Ich mache ihm scherzhaft deutlich, daß er jetzt wieder ›mein liebster Marsianer‹ ist.

Wir können heute über Situationen, an denen sich früher ein Streit entzündet hätte, lachen und Scherze machen, und unsere Beziehung hat sich dadurch ganz wesentlich gebessert. Ich weiß nun, ein Marsianer braucht seinen Raum, Venusianerinnen dürfen nicht in seine Höhle und er kommt schon wieder heraus, wenn er fertig ist. Er seinerseits versteht, daß eine Venusianerin reden (und reden und reden) muß, wobei er, ihr liebster Marsianer, zuhören sollte und sie nicht belehren darf.

Wir akzeptieren, daß es in Ordnung ist, über Geld, Kinder, Sex, Arbeit, gemeinsame Zeit und so weiter verschiedener Meinung zu sein. Solange wir nicht vergessen, daß wir unterschiedlich sind, können wir auch verstehen, daß der andere nicht bockig, stur oder garstig ist, sondern einfach von einem anderen Planeten stammt.

Wir können verstehen, daß der andere nicht bockig, stur oder garstig ist, sondern einfach von einem anderen Planeten stammt.

So wartet Roger zum Beispiel an Weihnachten immer bis zur letzten Minute mit dem Einkauf von Geschenken. Ich plane eher im voraus. Dies führte oft zu Reibereien. Ich versuchte ihn zu ändern, aber er sträubte sich dagegen. Ich lasse ihn jetzt Marsianer sein – und staune immer wieder, wie schnell er einkaufen kann, wenn er mit dem Rücken zur Wand steht.

Er erwartete immer von mir, daß ich seine Begeisterung darüber teilte, was sein Auto, seine Stereoanlage und sein Computer alles haben und können. Jetzt nimmt er es nicht mehr persönlich. Ich bin einfach nicht an denselben Sachen interessiert wie er. Wir sind glücklich darüber, daß wir aneinander interessiert sind, und genießen es, andere Dinge gemeinsam zu tun und miteinander zu teilen.

Das Wichtigste von all dem, was wir füreinander tun, ist, daß wir einander uns selbst sein lassen. Er weiß zum Beispiel, daß ich reisen muß, um meine erwachsenen Kinder und meinen geliebten Enkel zu besuchen. Er haßt es, wenn ich verreise, und macht sich Sorgen, was mir passieren könnte. Aber er versteht jetzt, daß ich es tun muß, und findet sich mit meinen Reisen ab.

Ich meinerseits weiß, daß er ganz in seiner Arbeit aufgehen kann und zuweilen so sehr mit ihr beschäftigt ist, daß er mich vergißt. Ich könnte mich oft ziemlich darüber ärgern, weil es mir das Gefühl gibt, nur an zweiter Stelle zu stehen. Aber trotzdem liebe und bewundere ich die Art, wie er seinen Beruf ernst nimmt, auch wenn es mich manchmal wahnsinnig macht. Ich weiß jetzt, daß er am Ende doch wieder für mich da ist. Er springt wie ein gedehntes Gummiband wieder zurück.

Kommunikation ist eine unserer Stärken. Man sagt ja: ›Alles zu seiner Zeit.‹ Es geht jetzt soviel besser, seit ich weiß, wann ich am besten mit Roger über etwas reden kann. Es ist wirklich die Lösung, wenn ich ihn erst aus seiner Höhle herauskommen lasse, bevor ich ihm Fragen stelle.

Ich habe auch aus Erfahrung gelernt, daß es absolut keinen Sinn hat, Roger einen Auftrag zu erteilen. Er sperrt sich unvermeidlich. Statt dessen arbeite ich mit ›Würdest du‹ und ›Könntest du‹, wenn ich möchte, daß er etwas für mich tut. Dies wirkt in unseren Gesprächen Wunder. Bitte ich ihn um einen Gefallen und sage: ›Könntest du vielleicht...?‹ oder ›Würdest du bitte...?‹, habe ich jetzt wesentlich bessere Aussichten, ein ›Ja‹ zur Antwort zu bekommen.

Ich weiß heute, daß er in seiner Höhle ist, wenn er sich einer seiner Lieblingsaktivitäten widmet: Sportsendungen im Fernsehen ansehen, in der Garage basteln, mathematische Probleme auf Abrechnungen lösen und so weiter. In solchen Zeiten ist es am besten, ihn nicht zu einem Gespräch mit mir zu drängen, sondern auf die Werbung oder eine Arbeitspause zu warten. Dann frage ich ihn um seine Meinung oder knüpfe ein Gespräch an.

Als Roger und ich heirateten, glaubte ich, er müßte mir ›alles‹ sein. Jetzt habe ich eingesehen, daß es nicht die Aufgabe meines Ehepartners sein kann, für ›alles‹ in meinem Leben zu sorgen. Ich muß mich selbst um meine Bedürfnisse kümmern, wie auch er sich um seine kümmern muß. Nachdem mir unsere natürlichen Unterschiede klargeworden waren, begriff ich auch, wie töricht es von mir war, zu erwarten, daß Roger für mich ›alles‹ sein könnte. Welche Last bürdete ich ihm damit auf!

Es kann nicht die Aufgabe meines Ehepartners sein, für ›alles‹ in meinem Leben zu sorgen.

Es ist eine dauernde Herausforderung, mit jemandem von einem anderen Planeten zusammenzuleben: Jeder Tag bringt eine neue Aufgabe. Humor, das Wissen um unsere Unterschiede und der Wille, das Leben nicht ganz so ernst zu nehmen, sind der Schlüssel zu unserer gesunden und glücklichen Ehe.

Mein wunderbarer Ehemann hat dem in typisch marsianischer Manier nur eines hinzuzufügen, kurz und treffend: ›Wir dürfen vor allen Dingen nicht vergessen, daß wir unterschiedlich sind.‹«

Zusammenbleiben

Adrian erzählte uns die Geschichte ihrer Liebe: »Wenn ich daran denke, was Sean und ich in unserer fast zwanzigjährigen Ehe erlebt haben, dann glaube ich kaum, daß viele andere Paare dies durchgestanden hätten. Seans Eltern sind seit fünfundvierzig Jahren verheiratet, während meine sich scheiden ließen, als ich elf war. Damit stünden die Chancen für eine langfristig erfolgreiche Beziehung fünfzig zu fünfzig, wenn es nach der Familiengeschichte ginge. Was ist es also, das uns zusammenhält?

Lassen Sie mich ein wenig ausholen. Als Sean und ich uns im College begegneten, war ich achtzehn, er zwanzig. Ich hatte als Hauptfach Pädagogik, er Theaterwissenschaft mit dem Nebenfach Massenmedien. Wir begegneten uns im Universitätstheater, weil mich die Schauspielerei ebenfalls interessierte, und wir befreundeten uns.

Ich glaube, der Schlüssel zum Erfolg unserer Liebe war die Tatsache, daß wir erst Freunde waren. Ich hatte Vertrauen zu Sean und er zu mir. Ich war schon mit allen seinen Freunden ausgegangen, bis ich entdeckte, daß er auf mich wartete.

Bevor ich mich in Sean verliebte, hatte ich von Männern eigentlich genug. Ich hatte das Gefühl, man könnte ihnen nicht vertrauen und sie wären nur auf Sex aus. Meine romantischen Vorstellungen waren mir durch schlechte Erfahrungen gründlich ausgetrieben worden. Ich war neunzehn, als Sean mich in aller Öffentlichkeit vor dem Studentenwohnheim küßte. Als ich merkte, daß ich in ihn verliebt war, hat mich das einigermaßen überrascht.

Nach diesem Kuß drängte er nicht darauf, mich ins Bett zu bekommen, und dafür liebte ich ihn um so mehr. Ich war dann diejenige, die ihn eines Abends bat zu bleiben, nachdem wir schon einige Zeit miteinander gegangen waren. Er war ein einfühlsamer, romantischer Liebhaber und sehr sexy. Ich war zwanzig und er zweiundzwanzig, als wir heirateten.

Nach diesem Kuß drängte er nicht darauf, mich ins Bett zu bekommen, und dafür liebte ich ihn um so mehr.

Sean ist jetzt zweiundvierzig, ich bin vierzig. Unsere Kinder sind beinahe erwachsen. Ich bin Montessori-Lehrerin, Sean Bühnenimpressario, Produktionsmanager und freier Schriftsteller. Unsere Liebe wurde im Laufe der Jahre immer tiefer und reicher. Jede Herausforderung, vor der wir standen, machte uns stärker.

Als Sean wegen seines Theaterlebens lange Zeit abends nicht zu Hause war, hätten wir es ohne unser großes Vertrauen ineinander sicher nicht geschafft. Ich ging mit meinen Freundinnen aus, um daheim nicht zu versauern. In unserem Fall erhöhte Abwesenheit die Spannung. Während des ganzen gemeinsamen Lebens hatten wir auch unser getrenntes Leben. Wenn wir in eine schwierige Phase gerieten, hielten wir durch. Wir gingen zu einem Therapeuten, als wir Probleme mit unserem Sohn hatten. Wir lasen Selbsthilfebücher, sprachen mit Freunden, verschafften uns Klarheit über die Rolle, die wir spielten, und nahmen uns Zeit, Probleme zu bereinigen. Humor war ein wichtiges Element, das uns über alle Klippen hinweghalf, aber auch die Geduld und der Wille, nicht aufzugeben.

Wir blickten einander jeden Tag an, und es wird uns klar, daß wir uns mehr als je zuvor lieben. Unser Sexualleben ist in neue und aufregende Bereiche vorgedrungen, weil wir einander so gut kennen. Aber es bleibt dennoch ein Hauch des Geheimnisses und das Wissen, daß der Partner immer noch für eine Überraschung gut ist.

Sean kennt die kleinen Dinge, mit denen er bei mir ›Punkte macht‹.

Sean kennt die kleinen Dinge, mit denen er bei mir ›Punkte macht‹. Wir lesen miteinander die Zeitung und sprechen darüber, was in der Welt geschieht. Wenn Wahlen anstehen, unterhalten wir uns über die aktuellen Themen und gehen oft gemeinsam zur Abstimmung. Sean trägt mir Geschichten und Gedichte vor, und ich liebe dies. Wir machen Spaziergänge zu zweit und massieren einander den Rücken und die Fußsohlen. Wir genießen zusammen Kunstwerke, Theater, Musik, Filme, Museen, Wandern und Camping. Wir haben bei weitem nicht so viele Reisen unternommen, wie wir uns das vorgestellt hatten, aber wenn wir dies tun, informieren wir uns über unser Reiseziel, und Sean liest mir oft Geschichten über den betreffenden Ort vor.

Wir haben einander immer bei unserer Arbeit unterstützt. Wenn Sean meine Meinung wissen will, höre ich mir die Werbespots an, die er geschrieben hat. Ich habe fast alle Shows gesehen, in denen er aufgetreten ist. Er seinerseits kommt immer zu den kleinen Aufführungen, die ich mit meinen Schülern inszeniere. Manchmal beteiligt er sich auch daran, zum Beispiel las er einmal den Text vor, während meine Tochter und ich bei einer Sonderaufführung in den Ferien die Puppen für das Schattenspiel bewegten. Wenn ich ihn darum bitte, liest und redigiert er meine Rundbriefe. Er hilft mir nach größeren Veranstaltungen, das Klassenzimmer aufzuräumen, und beteiligt sich an den Aktivitäten zur Beschaffung von Mitteln für die Schule.

Wir wissen jetzt, daß wir am besten miteinander kommunizieren können, wenn wir beide ausgeruht sind, und nicht gleich, nachdem wir von der Arbeit nach Hause gekommen sind oder wenn wir Termine haben, müde oder krank sind. Wir geben einander den Raum, den wir für unsere Arbeit brauchen. Ich habe gelernt, Sean seine ›Höhlenzeit‹ einzuräumen.

Es gelingt uns heute besser, geradeheraus und ohne zu urteilen, um etwas zu bitten, was wir brauchen. Es hat eine Weile gedauert, bis ich mir angewöhnt hatte, meine Bitten mit ›Würdest du vielleicht‹einzuleiten statt mit ›Könntest du?‹ Es ist eine Kleinigkeit, die er aber sehr schätzt.

Wenn wir beruflich so sehr angespannt sind, daß wir uns nur noch ›von fern‹ sehen, schreiben wir einander Zettelchen. In dieser Weise verlieren wir nicht ganz den Überblick darüber, wie es uns und den Kindern geht.

Mit jeder neuen Herausforderung, vor die uns das Leben stellt, lernen wir gemeinsam dazu. Bald werden die Kinder aus dem Haus sein. Unsere Tochter ist in der Abschlußklasse, und dieses letzte Jahr, bevor sie auf das College geht, ist uns sehr wertvoll. Gleichzeitig sehen wir uns mit der Tatsache konfrontiert, daß Sean arbeitslos ist, mit all den Höhen und Tiefen, die damit verbunden sind. Ich glaube, daß wir auch diese Zeit durchstehen werden. Wir haben eine feste Basis.«

Wissen, was man will

Mitzi berichtete: »Mit achtunddreißig war ich an einem Punkt angelangt, daß ich lieber gar keine Beziehung haben wollte als keine wirklich gute. Ich hatte verschiedene längere und kürzere Beziehungen gehabt, aber inzwischen konnte ich recht gut abschätzen, ob eine Partnerschaft Zukunft hatte oder nicht. Ich wußte, daß ich mich auf meine Intuition verlassen konnte, und ich wußte auch genau, welche Qualitäten ich von einer Beziehung erwartete.

Diese Qualitäten waren Vertrauen, Achtung, Freundschaft, Wärme und Liebe. Und ich wußte auch, mit welchem Menschen ich eine Beziehung aufbauen wollte: Er mußte reif, intelligent, bindungswillig, konsequent, offen für beständiges Wachstum und neue Ideen, gesund, energisch und humorvoll sein, jemand, den ich gern haben konnte.

Ich war mit meinem Leben damals sehr zufrieden, und wer es mit mir teilen wollte, mußte diesen Zustand noch einmal steigern – es sollte so sein, daß wir gegenseitig unserem Leben einen positiven Schub gaben. Es war eine besondere Zeit für mich. Ich integrierte damals zwei Seiten in mir: die gefühlsmäßige und die verstandesmäßige. Ich konnte einen Blick auf die verschiedenen Ebenen meiner selbst werfen und mir ein Bild von dem Partner machen, der mich ergänzen würde. Wir würden zusammen ein wunderbares Leben haben.

Ich war mit meinem Leben damals sehr zufrieden, und wer es mit mir teilen wollte, mußte diesen Zustand noch einmal steigern.

Während dieser Zeit ging ich einmal mit einer guten Freundin zu einer Vernissage. Dort begegnete ich Frank. Er kam einfach auf uns zu und knüpfte ein Gespräch an. Ich erinnere mich, daß ich nach einigen Minuten dachte, er sei ein kenntnisreicher, kluger, gedankenvoller Mann. Im selben Augenblick flüsterte mir meine Freundin begeistert zu: ›Das ist genau der Richtige für dich, Mitzi. Als er auf uns zukam, habe ich mir unwillkürlich euch beide zusammen vorgestellt.‹ Ich war ein wenig verblüfft darüber und setzte das Gespräch mit Frank fort.

Wir redeten noch eine Weile miteinander und gingen dann wieder unserer Wege. Auf der Straße sahen wir einander jedoch wieder, und ich sagte ihm, daß ich mit meinen Freundinnen in ein Jazzkonzert gehen würde. Wir trafen uns dort, und nach der Aufführung sagte er zu mir: ›Heute ist ja Vollmond. Hätten Sie nicht Lust auf einen Spaziergang am Strand?‹ Ich war davon beeindruckt, daß er über den Vollmond Bescheid wußte.

Wir gingen also an den Strand, und als wir uns verabschiedeten, gab er mir seine Telefonnummer. ›Wenn du möchtest, daß wir uns wiedersehen‹, sagte er, ›dann ruf mich doch bitte einfach an.‹

So etwas hatte ich noch nie erlebt. Es war wohl Franks Haltung, nur mit jemandem auszugehen, der wirklich an ihm interessiert war. Es lag also an mir, ob ich Kontakt mit ihm aufnehmen wollte. Ich fühlte mich plötzlich verantwortlich, hatte das

Gefühl, daß die Beziehung in meinen Händen lag – und was wäre, wenn sie nicht gutginge? Diese Sichtweise der Dinge faszinierte mich.

Ich hatte den Eindruck, daß Frank ein reeller Mensch war, und ich wollte einen reellen Menschen in meinem Leben. Ich beschloß, es zu wagen, und rief ihn an. Wir machten Pläne, wie wir zusammenkommen könnten, und so sind wir nun seit über fünf Jahren ein Paar.

Ich wußte damals nicht, daß Frank an einem Workshop von John Gray teilgenommen hatte, der ihm sehr gefiel. Wir hörten, daß John nach Hawaii kam, und Frank meinte, daß ich sowohl beruflich als psychologische Beraterin wie auch persönlich von Johns Seminaren profitieren würde. Wir schrieben uns beide ein, und ich glaube, daß wir seither an jedem Workshop mitwirkten. Bei jenem ersten Mal hatten wir eine kleine Auseinandersetzung, aus der wir nicht herausfanden. Ich schlug ihm vor, noch etwas anderes zu versuchen, eine John-Gray-Technik, die darin bestand, einander zu umarmen, statt zu reden. Innerhalb weniger Minuten waren die Verletztheit und Gereiztheit verschwunden, und wir waren wieder an einem Punkt angelangt, an dem wir den gegenseitigen Standpunkt respektieren konnten. Dann machten wir ein Schläfchen.

Durch Umarmungen waren innerhalb weniger Minuten die Verletztheit und Gereiztheit verschwunden.

Das Wunderbare an unserer Beziehung in diesem ersten Jahr war, daß wir eine Art ›heilenden Winterschlaf‹ hielten. Ich spürte, wie etwas zutiefst Heilendes vom Zusammensein mit ihm ausging, und ich fühlte mich bei ihm geborgen. Ich hatte Wunden, Ängste und Fragen hinsichtlich meiner Suche nach dem richtigen Partner, weshalb wir das erste gemeinsame Jahr damit zubrachten, uns zu entspannen, miteinander kleine Rituale und

Spiele auszuführen, Musik zu hören, und dadurch löste sich viel Unverarbeitetes auf. Danach begannen wir uns wieder Freunden zuzuwenden, und die beiden Kreise akzeptierten einander, was für mich ein sehr gutes Zeichen war.

Was mich so fasziniert, ist, daß es in unserer Beziehung eine natürliche Weiterentwicklung gab. Wir bewegten uns in unserem eigenen Rhythmus auf mehr Verbundenheit, Wärme und Liebe zu, auf einen beständigen Energiestrom, den ich immer mehr spüre. Ich habe das Gefühl, daß eine gute Zukunft vor uns liegt. Ich habe großes Vertrauen zu Frank.

Bei früheren Beziehungen hatte ich wohl nicht das Vertrauen, daß mein Partner sein Leben in der Hand hätte, und glaubte, ich müßte am Ende Heilerin, Lehrerin, Mutter und was auch immer spielen. Aber ich habe großes Vertrauen in Franks Kompetenz, seine Fähigkeit, mit allen Unwägbarkeiten zurechtzukommen, und daß er sich für die beste Möglichkeit entscheiden wird. Ich habe gelernt, daß einen Mann lieben heißt, ihm zu vertrauen und ihn so zu nehmen, wie er ist. Indem ich dies lernte, so wurde ich auch von ihm mehr akzeptiert. Ich weiß, daß er das außerordentlich schätzt.

Es ist ein großer Luxus, einfach man selbst sein zu dürfen und in dieser Weise Verbindung mit einem anderen Menschen zu bekommen. Letztlich wäre es doch großartig, wenn jeder dies so empfände, aber irgend etwas hält uns davon ab, uns wirklich zu öffnen und uns dem anderen Menschen zu offenbaren. Es ist großartig, wenn man einfach der sein darf, der man ist, und wissen darf, daß man in Ordnung ist und akzeptiert wird.

Daneben haben wir durch die Teilnahme ab Johns Seminaren eine gemeinsame Sprache entdeckt, einen Rahmen, innerhalb dessen wir uns über unsere Beziehung nachdenken können und der nicht schwierig oder abstrakt ist. Er ist ganz einfach zu verstehen, und die gewonnenen Informationen können sofort in die Praxis umgesetzt werden.

Wir haben eine gemeinsame Sprache entdeckt, einen Rahmen, innerhalb dessen wir über unsere Beziehung nachdenken können und der nicht schwierig oder abstrakt ist.

Als ich darüber nachzudenken begann, was Männer wirklich wollen, hielt ich Rückschau über meine früheren Partnerschaften und konnte dabei entdecken, daß ich selbst mit den besten Absichten in diesen Beziehungen einige Schäden angerichtet hatte. Durch John Gray bekam ich eine klarere Vorstellung davon, was Männer und Frauen brauchen und was ihnen in einer Beziehung wichtig ist. Ich habe diese Informationen in mein berufliches ebenso wie in mein persönliches Leben integriert.

Alles zwischen Frank und mir ging irgendwie seinen natürlichen Gang, und es war gar nicht notwendig, irgend etwas voranzutreiben oder zu manipulieren. Ich hatte die ganze Zeit das Vertrauen, daß die richtigen Dinge sich zur richtigen Zeit ereignen würden. Und genau dies war auch der Fall.«

Bindungsangst überwinden

Frank erzählte mir die ganze Geschichte aus seiner Sicht: »Ich heiratete mit einundzwanzig; das Mädchen war siebzehn. Sie stammte aus Australien, und sie heiratete mich nur, um in Amerika bleiben zu können. Ich fühlte mich in die Ehe gedrängt: Ich hatte kein gutes Gefühl dabei, ich wollte es eigentlich nicht, aber ich hatte noch nicht genug Selbstvertrauen, um zu tun, was ich für richtig hielt. Die Ehe war denn auch eine wahre Katastrophe. Als unsere Tochter drei Wochen alt war, entdeckte ich, daß meine Frau eine Affäre mit meinem besten Freund hatte. Es war eine einzige Heimsuchung, und die Ehe war unmöglich zu retten. Wir trennten uns.

Danach faßte ich den festen Entschluß, mich niemals mehr zu einer Ehe drängen zu lassen.

Ich faßte den Entschluß, mich niemals mehr zu einer Ehe drängen zu lassen.

Bis ich vierzig war, hatte ich ein sehr abwechslungsreiches Liebesleben – manchmal war ich allein, dann ging ich wieder mit sehr attraktiven Frauen. Um die Fünfunddreißig lebte ich mit einer ganz aufregenden Französin zusammen, die genau wußte, wie man ein Liebesverhältnis inszeniert, mit Kerzen, Weihrauch und schöner Musik von Bach. Ich war begeistert, sie war ein wirklich faszinierender Mensch. Dann fragte sie mich eines Abends beim Abendessen: ›Was meinst du, sollten wir nicht heiraten?‹ Meine Gabel blieb in der Mitte zwischen meinem Teller und meinem Mund stehen. Es schien ja nur vernünftig zu sein – sie war eine phantastische Frau –, aber ich dachte an meinen Schwur, mich niemals mehr zu einer Ehe drängen zu lassen. Damit endete eine großartige Beziehung.

Etwa ein Jahr später, nach wechselnden Bekanntschaften, traf ich ein Mädchen, das äußerst attraktiv für mich war. Wir zogen zusammen, und es war eine gute, feste Beziehung. Sie half mir bei der Erziehung meiner Tochter.

Dann machte sie mir während eines romantischen Urlaubs in San Francisco denselben Antrag. Sie wollte heiraten oder mich verlassen. Dies war sehr schmerzhaft, denn ich liebte sie und war gern bei ihrer Familie. Aber ich mußte mir selbst treu bleiben. Wir trennten uns.

Dann nahm ich mir vor, es einige Zeit rundgehen zu lassen. Es war mir klar, daß ich nicht heiraten wollte – vielleicht, weil ich nicht von anderen Frauen lassen konnte –, aber ich wollte auch nicht untreu sein. Ich beschloß also, eineinhalb Jahre nicht zu arbeiten und das Leben in vollen Zügen zu genießen. Und das tat ich auch – es war eine herrliche Zeit, eines der ausgelassensten Jahre mit meinen Freunden. Ich ging mit Dutzenden der schönsten Frauen aus.

Und was glauben Sie? Es nahm ein schmerzliches Ende. Ich hatte eine bildhübsche, junge deutsche Freundin – und eines Tages verkündete sie mir, sie sei hoffnungslos in meinen besten Freund verliebt.

Es war wie ein Spiegelbild, ein Echo meiner ersten Ehe. Ich wußte mir keinen Rat mehr. Alle meine Theorien waren auf einmal hinfällig.

Einige Zeit danach ging ich zu einer Vernissage, auf der ich Mitzi traf. Wir unterhielten uns angeregt miteinander, und später beschlossen wir, eine Tasse Kaffee trinken zu gehen. Wir gingen in eine Espressobar, in der sie des öfteren Freunde traf. Ich dachte mir: ›Dies ist einmal ein warmherziger, liebevoller, netter Mensch.‹

In der Espressobar zeigte mir Mitzi einige Fotos von ihr, die an Halloween aufgenommen worden waren. Bei der Vernissage hatte sie ein langes Kleid an, aber auf den Bildern trug sie einen Stringtanga und einen Halbschalen-BH. Ich sah, daß sie einen unglaublichen Körper hatte, und plötzlich fühlte ich mich mächtig zu ihr hingezogen. Ich glaube nicht, daß sie mit den Bildern etwas beabsichtigt hatte, aber ich dachte mir: ›Wow, die sieht vielleicht gut aus!‹ Ich gebe es nicht gerne zu, aber für mich war dies der erste Köder.

Wir gingen zum Strand, und dort kam es zum ersten Kuß. Bevor wir uns verabschiedeten, gab ich ihr meine Telefonnummer und sagte: ›Wenn du möchtest, daß wir uns wiedersehen, dann ruf mich doch bitte einfach an.‹ Ich überließ es ihr. Einige Tage später rief sie tatsächlich an, und ich stellte fest, daß ich mich in jeder Hinsicht zu ihr hingezogen fühlte. Sehen Sie, ich ging auf die Vierzig zu, es war mir klar, daß ich irgendwann einmal sterben würde, und hatte keine Lust, mir weiterhin als Single die ganze Zeit die Sohlen abzulaufen, um jemanden fürs Bett zu finden.

Es war mir klar, daß ich irgendwann einmal sterben würde, und ich hatte keine Lust, mir weiterhin als Single die ganze Zeit die Sohlen abzulaufen, um jemanden fürs Bett zu finden.

Und bei Mitzi war es ganz einfach. Sie hatte eine wirklich schöne Wohnung, nicht irgendwie modisch, sondern sehr behaglich mit all den Gegenständen an den Wänden, die sie liebte. Und sie arbeitete wie ich in der Naturkostbranche. Sie wußte, wie man für eine schöne Wohnung sorgt. Ich genoß es, vom Salzbergwerk, meiner Vertragsfirma, in ein Haus zurückzukehren, in dem überall Kerzen brannten, eine himmlische Musik erklang und ein Mensch war, der an allem interessiert war, was ich tat. Und sie wußte selbst auch einiges zu erzählen. Sie hatte eine ganz natürliche Art, es behaglich zu machen. Außerdem vertrat sie aufrichtige spirituelle Überzeugungen, mit denen es ihr ernst war. Dies verhieß, daß unsere Beziehung weiter gehen konnte als bis zu einem ›Was gibt es zum Abendessen? Wieviel hast du dieses Jahr verdient?‹ Spirituelle Entwicklung gehörte zu den Dingen, die ich insgeheim in einer Beziehung suchte.

Ich fand es schön, daß Mitzi in einer Branche tätig war, die Menschen half. Sie war immer dabei, irgend jemanden zu unterstützen, und sie wurde auch ständig angerufen. Außerdem wollte sie, was ganz ungewöhnlich war, absolut keine Kinder. Sie hatte Kinder gern, spielte mit ihnen, aber sie wollte selbst keine haben. Dies war auch mir nicht wichtig, denn ich hatte schon ein Kind, dem ich nahe bin und das ich sehr liebe.

Vor allem, nachdem ich sie mit den Seminaren bekannt gemacht hatte, wandten wir ständig John-Gray-Techniken an, um Wogen zu glätten, bevor sie zu hoch schlugen. Es half uns sehr, zu wissen, daß wir anders sind und daß unsere unterschiedliche Betrachtungsweise vollkommen in Ordnung ist. Ich konnte mir daher auch ein Bild davon machen, was sie wirklich brauchte, und ihr Achtung entgegenbringen, indem ich respektierte, was ihr wichtig war.

Ich mag es, daß Mitzi sehr weiblich ist. Eins der Themen, über die John sprach und die mich beunruhigten, war, daß Männer mit zunehmendem Alter natürlicherweise weiblicher werden und dann darauf achten müssen, an ihrer Männlichkeit festzuhalten. Damit habe ich kein großes Problem, aber er meinte auch, daß Frauen dazu neigen, männlicher zu werden und den Kontakt mit ihrer Weiblichkeit nicht verlieren dürfen. Ich sagte zu ihr: ›Der Gedanke beunruhigt mich, daß du vielleicht irgendwann zu einem brummigen alten Mann wirst. Sorgen wir dafür, daß dies nicht geschieht.‹ Es geht dabei darum, an bestimmten Verhaltensweisen zu arbeiten und ihre weiblichen Bedürfnisse zu pflegen.

›Der Gedanke beunruhigt mich, daß du vielleicht irgendwann zu einem brummigen alten Mann wirst.‹

Aber meine Haltung war noch dieselbe geblieben. In der ersten Woche, in der wir zusammenzogen, sagte ich zu ihr: ›Erwarte nicht, daß ich dich heirate. Ich halte gar nichts davon.‹ Und dies war für sie ganz in Ordnung. Heiraten war danach überhaupt kein Thema mehr.

Gehen wir jetzt fünf Jahre in unserem Zusammenleben weiter. Wir waren in ein sehr abgelegenes Tal auf Kauai zum Camping gegangen. Es war mein Geburtstag, der zwanzigste August. Morgens beim Aufwachen hatte ich nicht die leiseste Ahnung, was passieren sollte. Wir hatten vor, mit einigen altgewordenen Hippies, denen wir begegnet waren, eine Wanderung zu unternehmen.

Wir kamen an einen der schönsten Orte, die ich jemals gesehen hatte: eine Kaskade von Wasserfällen mit einer Rutsche. So muß der ursprüngliche Garten Eden ausgesehen haben. Mitzi und ich gingen zum höchsten der Wasserfälle und stellten uns darunter. Die Sonne schien auf uns hernieder, um uns stürzte Wasser herab. Und plötzlich schoß mir ohne Vorwarnung ein aberwitziger Gedanke durch den Kopf: ›Ich könnte Mitzi bitten, meine Frau zu werden. Ich bin völlig frei von jeglichem Druck; ich bin bei dem Menschen, den ich so sehr liebe; es ist mein Geburtstag, und wir sind am schönsten Ort auf der Welt.‹

Aber ich brachte die Worte nicht heraus. Nachdem ich drei oder vier Minuten gewürgt hatte, konnte ich es ihr schließlich sagen.

›Was?‹ fragte sie, und ich mußte es wiederholen. ›Aber ja‹, sagte Mitzi.

Danach haben wir nicht mehr viel darüber geredet, doch wir verschickten Weihnachtskarten, in denen wir unsere Verlobung bekanntgaben. Ich bin froh darüber, eine solche Entscheidung ohne Zwang getroffen zu haben. Es kann gar nicht anders sein, als daß wir für immer beisammen sein werden.«

Lernen, sich zu öffnen

Kyle erzählte: »Vor etwa drei Jahren rief mich eine Freundin an und sagte: ›Du mußt diesen Mann einmal hören. Er heißt John Gray. Ich weiß ja, daß du mit Gary bei der Eheberatung warst, und ich glaube, daß es euch wirklich guttäte…‹ Sie barst schier vor Begeisterung und sagte, sie habe so etwas noch nie gehört. ›Männer sind anders. Frauen auch.‹ Der Titel des Buchs weckte mein Interesse, so daß ich Gary mit viel Mühe dazu überredete, mit mir ein Seminar zu besuchen. Aber er sagte: ›Wenn das wieder so eine Veranstaltung ist, bei der nur auf Männer eingeprügelt wird, dann gehe ich sofort wieder da raus.‹

Wir waren beide offen und wollten gern etwas lernen, aber als John sagte, wie man Frauen gegenüber fürsorglich sein müsse, war ich perplex. Ich wußte damals noch nicht, was es für eine Frau bewirken konnte, wenn sie umsorgt wurde, und ich wider-

›Wenn das wieder so eine Veranstaltung ist, bei der nur auf Männer eingeprügelt wird, dann gehe ich sofort wieder da raus.‹

sprach John: ›Wir Frauen können sehr gut für uns selbst sorgen. Was ein Mann kann, können wir schon lange!‹ Ich war ziemlich laut, und ich provozierte damit Beifallsäußerungen bei vielen Teilnehmerinnen. Ich hörte ihre leise Zustimmung.

John war ganz sanft zu mir. Er bat mich freundlich, mich umzudrehen, damit das Publikum mein T-Shirt sehen konnte: Es hatte über der Brust in schwarzen Buchstaben die Aufschrift ›Miststück‹. Die Zuhörer brüllten vor Lachen.

Dann half mir John, Kontakt mit einem wichtigen Puzzlestück meiner Persönlichkeit zu bekommen, dem ich offenbar schon recht nahe war. Er sagte mir, ein Teil meiner Weiblichkeit sei unterdrückt, so daß ich es mir nicht gönnte, von anderen Zuwendung zu empfangen.

Es sei mir nicht bewußt, wieviel Ablehnung ich im Gepäck meiner Verletzungen trüge. Mein Vater hatte mich als Kind körperlich und emotionell mißbraucht; weil er mich nicht bewunderte und beschützte, hatte ich überproportional starke männliche Überlebensfähigkeiten entwickelt. Ich war aus dem Gleichgewicht.

Nachdem ich hatte mit ansehen müssen, daß auch meine Mutter mißbraucht wurde, verfestigte sich dieses Verhalten.

Als Erwachsene übernahm ich wegen meiner Überzeugungen einige der Aufgaben meines Mannes in der Beziehung. Deshalb wurden auch seine Bedürfnisse nicht erfüllt. Er fühlte sich weniger als Mann, während ich – glaubte, Männern ihre Macht nehmen zu müssen, damit sie mir nicht mehr weh tun können. Die Grundlage von alldem war Angst, und aus Angst kann keine Liebe entstehen. John half mir so, die Tür zu diesen Gefühlen aufzustoßen, und nach einigen Vorträgen und Workshops, nach der Lektüre seiner Bücher und dem Anhören seiner Bänder setzte bei mir eine Transformation ein.

Umsorgt zu werden ist für die weibliche Seite von mir ein großartiges Geschenk. Dies war eine heilende Erfahrung für meine Seele.

Mein Mann tut jetzt sehr viel für mich, was ich sehr schätze, und ich kann es auch ihm sagen. Und je mehr ich ihm dies mitteile, desto mehr will er für mich tun. Er ›plagt sich‹ nun für mich, und statt mich deshalb unbehaglich zu fühlen – das Gefühl zu haben, daß ich alles tun sollte und nicht verletzlich sein dürfte –, fühle ich mich jetzt wirklich geliebt, wenn ich Zuwendung empfange.

Das Entscheidende ist, daß ich die Zuwendung zulassen mußte, lernen mußte, Vertrauen zu haben und meine Abwehrhaltung aufzugeben.

Statt mich deshalb unbehaglich zu fühlen – das Gefühl zu haben, daß ich alles tun sollte und nicht verletzlich sein dürfte –, fühle ich mich jetzt wirklich geliebt, wenn ich Zuwendung empfange.

Als ich meinem Mann zu vertrauen lernte, blühte ich auf. Und dadurch blühte auch er auf. Indem ich ihn ermunterte, erklomm er neue Höhen, und ich begann ihn immer mehr zu bewundern. Er gab mir das Gefühl, etwas wert zu sein, und meine Selbstachtung stieg gewaltig. Ich nahm jenen weiblichen Teil von mir wieder in Besitz und badete mich in ihm wie in warmem Sonnenlicht – ich hatte noch gar nicht gewußt, daß man sich so herrlich fühlen konnte.

All die Urbedürfnisse, die zu entdecken uns John lehrte, halfen uns, in Liebe zu wachsen. Ich erkannte plötzlich, daß es keine Verschwörung zur Unterdrückung und Beherrschung von Frauen gab. Es ist einfach so, daß die Geschlechter unterschiedliche Bedürfnisse haben. Wir müssen nur den Willen haben, diese Unterschiede klar zu sehen und anzuerkennen.

Ich erkannte plötzlich, daß es keine Verschwörung zur Unterdrückung und Beherrschung von Frauen gab.

Während ich lernte, Gary seine ›Höhlenzeit‹ zu lassen, lernte Gary von John, mir zuzuhören, ohne mir Lösungen anzubieten. Er sagte mir, dies sei für ihn der schwierigste Teil: Es war sein Job, Antworten zu geben, und als er erfuhr, daß er einfach zuhören müsse, preßte er tatsächlich die Hand auf den Mund. Dies war wirklich schmerzhaft für ihn, während ich mich darüber amüsierte. Wir übten, Gary lernte, und wenn ich jetzt an meinen tiefsten, dunkelsten Ort gehe, den ich die Quelle nenne, hört Gary zu und tröstet mich. Mit seiner Unterstützung und seiner Kenntnis davon, was ich brauche, komme ich ganz schnell wieder nach oben und liebe und schätze ihn mehr als je zuvor, weil er mir zuhörte.

Ich verstehe jetzt nicht nur Männer besser, sondern auch mich selbst. Daß ich meine Schranken niedergerissen und Gary hereingelassen habe, so daß ich seine Liebe empfangen und ihm meine Liebe geben kann, ist ein überaus großes Geschenk. Es ist mir eine große Freude, die erleuchtenden Erfahrungen, die ich auf meinem Weg mit Johns Arbeit hatte, jetzt anderen mitzuteilen.«

Ein Neubeginn

Roberts Geschichte mahnt uns, zu schätzen, was wir haben: »Ich traf Doreen 1991 bei einer Grillparty in meinem Haus. Ich war geschieden und lebte seit etwa zehn Jahren allein. Ich war dreiundfünfzig und auf der Suche nach einer Partnerin, die mit mir das Erreichte teilen würde, mit der ich Sonnenaufgänge und Sonnenuntergänge genießen könnte. Doreen hatte fünfunddreißig Jahre in einer Ehe zugebracht, die sie als ›furchtbar‹ bezeichnete. Sie war seit etwa einem Jahr geschieden, als wir uns begegneten. ›Ich bin noch nicht bereit für eine neue Beziehung‹, sagte sie.

›In Ordnung‹, antwortete ich. ›Ich bin ein geduldiger Mensch.‹

Drei Wochen nach dem Grillfest lebten wir zusammen. Wenig später heirateten wir.

In unserer Beziehung gab es keinerlei Heimlichkeiten, und wir brauchten keine Hilfe von außen. Wir gaben einander alles.

Ich arbeitete in einem Kraftwerk und sie als Patientenvertreterin. Wir waren beide Profis, Verhandlungsprofis. Doreen war eine hochintelligente Frau und eine Führungspersönlichkeit. Schon bald hatten wir die großartige Idee, aus unserer Fahrgemeinschaft auszuscheiden und gemeinsam zur Arbeit zu fahren. Sie brachte mich morgens zum Kraftwerk und holte mich nachmittags wieder ab. Es war großartig, weil wir miteinander reden und plaudern konnten. Ich sah ihren Jeep auf der holprigen Straße ankommen und konnte sehen, wie sie auf und ab wippte. Es war wirklich großartig.

Kurz nach unserer Hochzeit fragte mich Doreen eines Tages: ›Warst du schon einmal in der Oper?‹ – ›Nein‹, sagte ich, ›aber ich gehe gerne mit.‹ – ›Jetzt ist mein Leben gerettet!‹ rief sie aus. ›Ich konnte nie jemanden finden, der mich begleiten wollte.‹ Die erste Oper, die wir sahen, war ›Die Hochzeit des Figaro‹. Ich war fasziniert: Ich kaufte mir sofort zwei Smokings. Und lassen Sie mich hier einfügen, daß die San Diego Opera Company Doreen, ihrem treuen Fan, nach ihrem Tod eine Macbeth-Aufführung widmete.

Wenn Doreen etwas haben oder tun wollte, konnte ich ihr nie etwas abschlagen. Stand es körperlich, seelisch oder finanziell in meiner Macht, bekam sie es. Und heute weiß ich, warum: weil sie nur so kurze Zeit bei mir war. Es waren uns lediglich drei Jahre miteinander vergönnt, aber wenn mir jemand gesagt hätte, daß es nur drei Tage, drei Stunden, drei Sekunden sein würden, dann hätte ich trotzdem nicht darauf verzichtet, denn es war wahre Liebe. Es lag daran, wie ich glaube, daß wir reife Menschen waren. Wir wußten, was wir wollten, nämlich alles miteinander teilen. In ihrer vorherigen Ehe hatte ihr Mann immer gesagt, daß sie sich dies oder jenes nicht leisten könnten, weshalb sie allein Urlaub machte. Bei mir war es dasselbe gewesen: Ich tat alles allein.

Es waren uns lediglich drei Jahre miteinander vergönnt, aber wenn mir jemand gesagt hätte, daß es nur drei Tage, drei Stunden, drei Sekunden sein würden, dann hätte ich trotzdem nicht darauf verzichtet, denn es war wahre Liebe.

Wir begannen also zu reisen. Wir unternahmen herrliche, großartige Reisen: auf die Fidschiinseln, nach Neuseeland, Australien, Cabo San Lucas. Zu Hause begannen wir nach einer geeigneten Bleibe zu suchen. Doreen wollte nicht mehr in Kalifornien leben, weshalb wir ein Wohnmobil kauften und losfuhren: Arizona, New Mexico, Colorado... wir waren überall. Und dann erinnerte ich mich eines Tages an einen Ort, an dem ich einmal gewesen war: Cedar City in Utah. Wir fuhren dorthin, und es war wunderbar. Es wurde gerade ein Shakespeare-Festival veranstaltet, und Doreen verliebte sich sofort in die Stadt. Als wir über die Autobahn fuhren, sagte Doreen plötzlich: ›Was ist das?‹ Auf einem Hügel stand ein halbfertiges dreistöckiges Holzhaus. Wir ließen es von einem Makler begutachten und hörten, daß der Besitzer in größten Schwierigkeiten war. Wir boten ihm achtzigtausend Dollar, und das Haus war unser.

Im Juni war Doreens Haus in Kalifornien verkauft. Im Juli auch meins. Im August schlossen wir das Anwesen in Cedar City, ließen eine Baufirma kommen und verwandelten das Ganze in ein Traumhaus – wahrscheinlich das einzige in ganz Utah, das auch ein Bidet hatte.

Am vierzehnten September wurde bei Doreen Polymyositis diagnostiziert, eine Krankheit, die auch tödlich verlaufen kann. Am elften Dezember starb sie, ohne unser fertiges Haus jemals gesehen zu haben.

Es erschien mir wie ein grausamer, makabrer Scherz. Ich hatte kein Lebensziel mehr, denn mein Lebensziel war Doreen gewesen. Ich sah keine Aufgabe, keinen Sinn mehr für mich in dieser Welt. Doreens Beerdigung fand am sechzehnten Dezember statt; am Einundzwanzigsten kam die Umzugsfirma. Von ihrem Tod an bis etwa Juli verfolgte ich den Simpson-Prozeß am Bildschirm, und ansonsten tat ich den ganzen Tag lang nichts. Ich nahm zwanzig Kilo zu, fünfzehn Zentimeter um die Taille. Ich hatte keinerlei Motivation mehr. Mein einziger Gefährte war unsere Katze Bobby – ein wunderbarer Freund. Aber ich war völlig am Boden zerstört. Doreen und ich waren füreinander bestimmt gewesen, und ich hatte meine Partnerin verloren.

Was mir schließlich half, war eine Selbsthilfegruppe für Trauernde, von der ich im Radio gehört hatte. Ich ging zweimal pro Woche dorthin, und ich erfuhr, daß es in Ordnung ist, zu trauern, zu weinen und den Schmerz über den Verlust zu empfinden. Ich wußte nur nicht, wie man trauert. Ich lernte in der Gruppe, daß es in Ordnung ist, wütend zu sein, mit Doreen an ihrem Lieblingsbaum zu reden, mich in ihren Jeep zu setzen und zu weinen, ja auch, ihr Briefe zu schreiben. Es tat weh, dies alles zu tun, aber es war wunderbar, einfach diese Gefühle zulassen zu können.

Die Trauer war, wie ich glaube, eine sehr reinigende Erfahrung. Ein Jahr lang war ich Eremit auf dem Berg – fünf Kilometer von der Stadt auf acht Hektar Grund, und ich war ganz allein. Ich ließ die Trauer wie eine gewaltige Welle über mir zusammenbrechen. Ich hatte keinerlei Ablenkung, keinen Umgang mit anderen Menschen. Ich gab mich meiner Trauer hin und wurde geheilt.

Ich ließ die Trauer wie eine gewaltige Welle über mir zusammenbrechen.

Dann war ich mit Bobbys Gesellschaft und der Unterstützung der Gruppe soweit, wieder weitermachen und meinem Leben eine neue Richtung geben zu können. Ich verkaufte das Haus, zog nach Eugene und blickte nicht mehr zurück. Ich begegnete dort einer anderen Frau, und seither haben Kummer und Trauer nachgelassen, auch wenn Doreen nach wie vor in meinem Herzen lebt.

Nach ihrem Tod stieß ich auf ›Männer sind anders. Frauen auch.‹ und ›Mars, Venus und Partnerschaft.‹ Etwa fünf Monate nach dem Verlust konnte ich mich wieder konzentrieren und lesen. Ich sah uns in den Büchern beschrieben, und zwar vollständig. Sie benutzte sogar einige der Begriffe von Dr. Gray, zum Beispiel ›auf Eiern gehen‹. Ich sah ihre Wellenzyklen. Ich konnte mich erinnern, wann ich in meine Höhle gegangen war. Und ich weiß, daß ich ein Problemlöser war, ein Marsianer mit Speer, Schwert und Schild, bereit, alle Eure Probleme zu lösen, edle Dame, schwache Dame. Aber Doreen war nicht schwach, und als ich das Buch las, dachte ich: ›Mein Gott, wie vieles verstehe ich jetzt.‹

Doreen sagte mir immer, ich sei der einzige Mann, der ihr zuhörte, weshalb ich jetzt wußte, daß auch ich etwas richtig gemacht hatte. Aber manchmal hatten wir irgendeine harmlose nichtssagende Plauderei, und plötzlich wurde der Ton eisig. Und ich fragte mich dann immer, was da wohl geschehen war.

Der Grund lag darin, daß mein marsianisches Ich sagte: ›Ich richte das schon, mach dir nur keine Sorgen.‹ Das funktionierte nicht, und durch das Buch weiß ich jetzt, warum. Es ist mir heute klar, daß es keine Selbstsucht von einem von uns beiden war; es lag einfach daran, daß wir die vertrauliche Kunst des Zuhörens nicht beherrschten. Statt dem Partner zuzuhören, läßt man ihn bloß reden. Dies wurde mir durch das Buch klar.

Das Buch und seine Worte sind sehr starke ›Lösungsmittel‹. Sie können jede Ego-Fassade reinigen und fortspülen, und sie lösten auch mein Gefühl auf, daß es falsch sei, Empfindungen zuzulassen. Sie bekräftigten für mich mein neues Wissen, daß alles in Ordnung war, was ich während der Trauerzeit fühlte. Wenn man seinen Partner verliert, glaubt man, nicht mehr gebraucht und geschätzt zu werden. Und genau das hatte ich: das Gefühl, nicht gebraucht zu werden. Das weiß ich jetzt.

In meiner neuen Beziehung funktionieren die Umgangsformen, die ich von Dr. Gray gelernt habe, vorzüglich. Vor allem die Wissenschaft des Zuhörens. Meine neue Freundin erkennt dies als Wert an; sie möchte einfach, daß ich ihr zuhöre: ›Ich bin so müde. Ich bin erkältet. Ich habe einen anstrengenden Tag hinter mir.‹ Ich unterdrücke den Drang, ihr Lösungen anzubieten, und höre einfach zu. Und wenn sie mich ansieht und sagt: ›Bob, du bist so unglaublich verständnisvoll‹, dann sage ich zu mir: ›Wir beide danken Ihnen, Dr. Gray.‹*

* Dieses Jahr habe ich die nette Dame geheiratet, die ich oben erwähnte. Wir haben zwei Bücher im Haus, die uns leiten: die Bibel und ›Männer sind anders. Frauen auch.‹«

Mars, Venus und Partnerschaft

Liebe kann ein Leben lang dauern, aber hierfür ist auch die Fähigkeit erforderlich, sich immer wieder von Erwartungshaltungen zu befreien, wie der Partner sein und sich verhalten sollte, denn nur so kann man mehr gegenseitiges Verständnis entwickeln. Die Einsicht, daß wir von verschiedenen Planeten stammen, macht uns frei für eine Verbindung ohne den zwanghaften Antrieb, einander ändern zu wollen. Diese neue Sicht hilft uns, zu begreifen, warum unser Partner nicht genauso denkt und fühlt wie wir.

Es können in einer Beziehung aber auch Dinge geschehen, die nicht akzeptabel sind; es gibt Verhaltensweisen, die geändert werden müssen, wenn eine Liebe gedeihen soll. Nachsichtig zu sein heißt nicht, jeden Mißbrauch zu dulden. Um lieben zu können, muß man auch Grenzen und Schranken setzen.

Nachsichtig zu sein heißt nicht, jeden Mißbrauch zu dulden.

Gewalt, Sucht, Lügen, Untreue und dergleichen sind eindeutig inakzeptabel. In einem solchen Fall müssen wir sagen: »Dies ist nicht hinnehmbar, und ich möchte, daß du deinen Fehler einsiehst und versprichst, dies nie mehr zu tun. Wenn ich mich dir wieder öffnen und deinem Versprechen trauen soll, daß dies kein zweites Mal vorkommt, dann mußt du oder müssen wir, wie ich glaube, professionelle Hilfe in Anspruch nehmen.« Wenn Ihr

Partner nicht bereit ist, seinen Fehler oder die Notwendigkeit einzusehen, sich helfen zu lassen, dann besteht in den meisten Fällen die einzige liebevolle Antwort darin, daß Sie ihm selbst die Verantwortung dafür übergeben, sich zu bessern, und sich vorübergehend trennen.

Belastendes Verhalten abzulehnen mag als hartherzig erscheinen, aber es hat nichts mit Liebe zu tun, sich von jemandem ständig verletzen zu lassen. Manchmal kann die größte Herausforderung in einer Beziehung darin bestehen, in einer liebevollen und nachsichtigen Weise eine Grenze zu ziehen.

Jeder macht Fehler. Sie zu verzeihen ist Liebe. Vergebung stärkt die Liebe. Ohne Vergebung können wir sie nicht vermehren. In einer gewissen Weise »trainiert« dies die Liebe. Nicht zu verzeihen kann uns ebenso weh tun wie das, was wir verzeihen sollen. Wenn wir nicht vergeben, halten wir an unserem Verletztsein fest und nehmen dem anderen die Möglichkeit, sich zu ändern.

Nicht zu verzeihen kann uns ebenso weh tun wie das, was wir verzeihen sollen.

Verzeihen heißt, seinen Schmerz loszulassen. Es heißt aber auch, darauf zu verzichten, den anderen ändern zu wollen. Manchmal nehmen wir jedoch stillschweigend Übergriffe hin, weil wir hoffen, daß sich der Betreffende von selbst ändern wird, wenn wir ihn nur genug lieben. Eine solche unterwürfige Duldung hat nichts mit Vergebung zu tun und bewirkt in aller Regel nichts. Sie macht im Gegenteil alles nur schlimmer. Die Herausforderung und Verantwortung des »Opfers« liegt darin, sich zuerst vor neuen Übergriffen zu schützen und dann dem Partner Wohlwollen entgegenzubringen. Man muß dem anderen zubilligen, daß er sich letztlich auch ohne unsere direkte Hilfe ändern kann.

In meinen Seminaren konzentriere ich mich auf all die Kleinigkeiten, all die geringen Fehler, die Paaren unterlaufen, weil sie einander nicht wirklich verstehen. Diese kleinen Fehltritte kann man leicht verzeihen, weil sie relativ unbedeutend sind und es auch klar ist, daß sie nur einer Unwissenheit des Partners entspringen: Er kann nichts dafür – er kommt von einem anderen Planeten. Die Paare lachen gemeinsam über ihre Fehler, wenn sie das erkannt haben.

Ich befasse mich in meinen Seminaren meist nicht direkt mit den schweren Verstößen. Trotzdem schreiben mir immer wieder Paare und berichten, daß ihnen die neuen Techniken »wie durch ein Wunder« halfen, ihren Partnern und sich selbst auch die großen Fehltritte zu vergeben. Wenn man gelernt hat, kleine Fehler zu verzeihen, kann man auch große verzeihen.

Wenn man gelernt hat, kleine Fehler zu verzeihen, kann man auch große verzeihen.

Konzentriert man sich zunächst darauf, das zu verzeihen, was am einfachsten ist, dann nimmt die Fähigkeit zu vergeben allmählich zu, so daß man dem Partner auch Schwerwiegenderes nachsehen kann. Wenn man eine große Last zu tragen hat und sich nicht in Form fühlt, besteht die beste Lösung darin, zunächst die kleinen und leichteren Stücke zu tragen, bis man wieder kräftiger geworden ist. Dann nimmt man die schwereren auf sich. Ebenso beginnt man in einer Beziehung mit den kleineren Problemen; dann lernt man, auch mit den größeren besser umzugehen.

Nachsicht und Entschuldigungen

Ebenso wichtig wie die Nachsicht ist die Fähigkeit, sich zu entschuldigen. Nachsicht und die Bereitschaft, sein Verhalten zu ändern, sind die beiden Flügel der Liebe. Wie es seine Zeit dauert, um zu vergeben, braucht es auch Zeit, Verhaltensweisen zu ändern. Wenn in einer Beziehung eine Krise auftritt, ist immer folgende Polarität wirksam: Wer den Fehler beging, muß sich damit auseinandersetzen, und sein Partner steht vor der Aufgabe, ihm zu verzeihen. Die Wunde heilt am schnellsten, wenn beide aktiv am Heilungsprozeß teilnehmen.

Es ist schwieriger, dem Partner etwas zu verzeihen, wenn er sich nicht entschuldigt und nichts unternimmt, um seinen Fehler wiedergutzumachen; und es ist nicht leicht, sich zu entschuldigen und Wiedergutmachung zu leisten, wenn der Partner nicht vergibt. Es ist unrealistisch, zu glauben, daß der Partner nie Fehler macht, ebenso wie es weltfremd ist, wenn man annimmt, daß sich alles so leicht verzeihen läßt. Manchmal nimmt eine Vergebung Monate oder sogar Jahre in Anspruch.

Zu lieben ist der willentliche Entschluß, den Wünschen des Partners entgegenzukommen, und die Unbefangenheit, die Unterstützung des Partners anzunehmen, wenn man sie braucht. Verzeihen ist Ausdruck des Willens, daß man dem Partner nach wie vor entgegenkommen möchte und offen dafür ist, auch seine Hilfe in einer Weise anzunehmen, wie dies die eigenen Bedürfnisse erfordern. Wenn man sich für die Unterstützung des Partners geöffnet hat und diese ausbleibt, dann beginnt man sich zu verschließen. Man bleibt ihm vielleicht wohlgesinnt, aber es dauert einige Zeit, bis man sich wieder öffnen und seine Unterstützung annehmen kann.

Verzeihen ist Ausdruck des Willens, daß man dem Partner nach wie vor entgegenkommen möchte und offen dafür ist, auch seine Hilfe anzunehmen.

Sich zu entschuldigen bedeutet, daß man die Reaktion des Partners versteht, akzeptiert, einen Fehler begangen zu haben, den man wiedergutmachen will. Mit einer Entschuldigung übernimmt man die bedingungslose Verantwortung für seinen Fehltritt und die Verpflichtung, ihn nicht mehr zu wiederholen.

Mit einer Entschuldigung übernimmt man die bedingungslose Verantwortung für seinen Fehltritt und die Verpflichtung, ihn nicht mehr zu wiederholen.

Durch eine Änderung des Verhaltens stärkt man seine Fähigkeit, Liebe zu schenken und zu empfangen. Wenn man einen Fehler verzeiht, schafft man auch die Möglichkeit, sich zu öffnen, um wieder Liebe zu geben und zu empfangen. So gehen Verzeihen und Verantwortung Hand in Hand.

Ungesunde Beziehungen

In einer ungesunden Beziehung ist meist klar, wer der Verantwortliche ist, vor allem, wenn es um schwerere Fehler geht. Meist ist der eine immer »der Gute«, der andere immer »der Böse«. In einem solchen Fall kommt nur eine Trennung in Frage. In derartigen Beziehungen besteht der einzige Fehler des »Opfers« darin, sich den Betreffenden ausgesucht zu haben; trotzdem muß er eine Möglichkeit finden, verzeihen zu können.

Während das Opfer sich darauf konzentriert, die Kraft zum Verzeihen aufzubringen, bemüht sich der Partner, die Entschlußkraft und Unterstützung für die Aufgabe zu finden, sein Problem zu lösen. Erst nach einiger Zeit, wenn die Wunden verheilt sind, kann ein Paar sich dann die Frage stellen, ob es einen Sinn hat, wieder zusammenzusein.

Woher weiß man, ob man einen Neuanfang wagen kann? Diese Frage kann Ihnen niemand beantworten – Sie müssen auf Ihr liebendes Herz hören. Nach der Heilung lautet die Antwort manchmal: »Ich liebe diesen Menschen, ich verzeihe ihm; er hat sich geändert, aber ich möchte mit ihm nicht verheiratet sein.« In anderen Fällen lautet die Antwort vielleicht: »Ich liebe diesen Menschen, ich verzeihe ihm; er hat sich geändert, und ich möchte ihn heiraten.«

Gesündere Beziehungen

Wenn man in einer gesünderen und verantwortungsvolleren Beziehung steht, ist die Grenze zwischen Opfer und Täter oft weniger deutlich. Aber auch hier kann der Partner immer noch schwere Fehler begehen.

Wenn zum Beispiel eine Frau eine Affäre hat, könnte der Mann darüber nachdenken, inwieweit sein eigenes Verhalten dazu beigetragen hat. Natürlich hat sie einen schweren Fehler begangen – eine Affäre oder Lüge –, aber die Tatsache, daß er sie vernachlässigt hat, ist hieran vielleicht nicht ganz unschuldig.

Vor allem auf der Grundlage des Verständnisses der Unterschiede zwischen Männern und Frauen entdeckt er vielleicht, daß er in vielen kleinen Dingen zu ihrer Untreue beigetragen hat. Hier ist es weniger eindeutig, wer die Schuld hat. In einem solchen Fall kann die Heilung rascher eintreten, und die Paare finden in der Regel auch wieder zusammen.

In gesünderen Beziehungen ist es weniger eindeutig, wer die Schuld hat.

Wenn der Mann das »Opfer« ist, zieht er sich zuerst zurück und beschäftigt sich mit seinen Gefühlen; dann muß er aber vor allen Dingen klären, welche Rolle er selbst gespielt hat. Ist er zu einer objektiveren Haltung und einer Wahrnehmung seiner Verantwortlichkeit gelangt, dann wächst auch seine Fähigkeit zu verzeihen.

Ein solcher Prozeß ist möglich, wenn Männer verstanden haben, daß sie vom Mars und Frauen von der Venus stammen. Ein Mann fühlt sich vielleicht verletzt, aber wenn er immer wieder Beispiele hört, welche Fehler alle seine Geschlechtsgenossen machen, dann wird ihm vieles klarer, und er erkennt, inwieweit er selbst zu dem Problem beigetragen hat. Diese wachsende Objektivität hilft ihm, seiner Partnerin zu vergeben. Je mehr er seinen eigenen Anteil an dem Problem wahrnimmt, desto leichter fällt Nachsicht.

Ist die Frau das Opfer, verhält es sich umgekehrt. Wenn sie zunächst die Möglichkeit hat, ihre Empfindungen über das Vorgefallene auszudrücken, gelangt sie zu mehr Objektivität und kann ihren Anteil an dem Problem deutlicher erkennen. Am einfachsten ist es für sie zu verzeihen, wenn sie zuerst alle ihre Gefühle ausdrücken kann und dann eine Entschuldigung bekommt; an diesem Punkt sieht sie, nachdem sie wiederum ihre Empfindungen mitgeteilt hat, ihren Anteil am Problem ebenfalls deutlicher. Wenn sie wahrnehmen kann, daß ihre »Schuld« sich nicht nur darauf beschränkt, in ihrer Unwissenheit an den Falschen geraten zu sein, dann wird sie sich in aller Regel erneut für ihren Partner öffnen. Das Paar kann wieder zusammenkommen und mehr Liebe als je zuvor erfahren.

Es ist wichtig, eine Frau nicht zu zwingen, daß sie zuerst ihren eigenen Anteil an dem Problem erkennt. Damit würde man ihre Empfindung nicht ernst nehmen, vernachlässigt worden zu sein. Es ist wichtig, daß sie zuerst fühlen kann, was sie fühlt. Danach kann sie zu einer Objektivität finden, die warmherzig, liebevoll und nachsichtig zugleich ist.

Es ist wichtig, daß eine Frau zuerst fühlen kann, was sie fühlt. Danach kann sie zu einer Objektivität finden, die warmherzig, liebevoll und nachsichtig zugleich ist.

Wenn Frauen wissen, daß Männer vom Mars und Frauen von der Venus stammen, empfinden sie eine größere Nachsicht, weil sie zuerst hören, daß ihre Gefühle berechtigt sind. Dann können sie entdecken, daß nicht nur ihre Ehemänner bestimmte Fehler machen, sondern die meisten Männer.

Danach haben sie auch ein Ohr für all die Fehler, die Frauen üblicherweise machen. Durch diese größere Objektivität kann eine Frau ihren Anteil an dem Problem erkennen, und Nachsicht fällt viel leichter.

Wie bei Männern Heilung eintritt

Männer genesen von Verletzungen generell anders als Frauen. Letztere müssen meist mehr über ihre Gefühle sprechen, während erstere sich einige Zeit zurückziehen, bevor sie in der Lage sind, über ihre Empfindungen zu reden.

Was einem Mann am meisten hilft, ist das Gefühl, daß er kein hilfloses Opfer ist und die schwierige Situation in gewissem Umfang lösen kann. Für den Mann liegt die größte Herausforderung darin, die Verantwortung für seinen Anteil an einem Problem zu übernehmen.

Für den Mann liegt die größte Herausforderung darin, die Verantwortung für seinen Anteil an einem Problem zu übernehmen.

Wenn ein Mann sich zumindest teilweise verantwortlich fühlt, glaubt er auch, in der Lage zu sein, eine Situation zu ändern. Ist ein Mann verletzt, hat er wie gesagt zunächst das Bedürfnis, sich zurückzuziehen; nach einiger Zeit ist er zu einer größeren Objektivität gelangt, und er kann seinen Anteil an dem Problem wahrnehmen oder entdecken, wie er es zu lösen vermag. Mit diesem Bewußtsein können seine liebevollen Empfindungen zurückkehren.

Manchmal muß er zeitweilig Abstand von dem Ganzen gewinnen – Urlaub machen, ziellos umherwandern oder sich in seiner Arbeit vergraben –, um diese Objektivität zu erreichen. In anderen Fällen geht er vielleicht zu einem Therapeuten und bringt seine Gefühle durch Reden zum Ausdruck. Wenn er seine Empfindungen ausdrücken und verstehen und zugleich seinen Anteil am Problem erkennen kann, dann kehrt bei ihm auch die Empfindung der Liebe und der Nachsicht zurück.

Wie bei Frauen Heilung eintritt

Frauen machen denselben Prozeß durch, jedoch in einer anderen Reihenfolge. Um Nachsicht entwickeln zu können, muß eine Frau zuerst das Gefühl haben, daß ihre Empfindungen gehört, verstanden und akzeptiert werden. Wenn sich diese Nachsicht eingestellt hat, kann sie einen Schritt zurücktreten und ihren Anteil am Problem klarer erkennen. Die größte Herausforderung liegt für eine Frau darin, von ihrem Groll abzulassen und verzeihen zu können.

Die größte Herausforderung liegt für eine Frau darin, von ihrem Groll abzulassen und verzeihen zu können.

Dieser Kommunikationsprozeß erfolgt idealerweise in Begleitung eines geschulten Eheberaters. Gleichgültig, wie echt sein Bedauern ist, sollte ein Mann wissen, daß seine Frau ihre Gefühle lieber in Gegenwart einer dritten Person mitteilt. Schon in ihrer Bereitschaft, sich helfen zu lassen oder zu einem Berater zu gehen, liegt etwas Heilendes, weil dadurch ihr Bedürfnis nach zusätzlicher Unterstützung, um sich öffnen zu können, anerkannt und akzeptiert wird. In einem solchen sicheren Umfeld kann sie ihre Gefühle umfassender mitteilen, und der Heilungsprozeß verläuft vollständiger.

Die Heilkrise

Eine der schmerzlichsten und schwierigsten Erfahrungen in einer Ehe ist Untreue. Und doch habe ich es bei Hunderten von Paaren erlebt, daß sie den Schmerz des Treuebruchs überwanden und wieder Zutrauen fanden. Mit Hilfe einer psychologischen Beratung waren sie zu der Nachsicht und den Veränderungen fähig, die für einen Neuanfang notwendig sind, statt in ihrem Groll zu verharren.

Wie lange es dauert, bis der Schmerz wegen einer Untreue heilt, hängt davon ab, wie lange dieser Zustand anhielt.

Wie lange es dauert, bis der Schmerz wegen einer Untreue heilt, hängt davon ab, wie lange dieser Zustand anhielt. Hatte ein Partner lange Zeit eine Affäre, wird die Heilung entsprechend länger dauern.

Wenn man sich die notwendige Zeit für Verzeihen und Heilung nimmt, kann dadurch die Beziehung viel besser werden. Die Krise einer Affäre kann sehr starke Empfindungen und Emotionen zum Vorschein bringen, die, wenn sie ausgedrückt und angehört werden, eine so große Zuneigung entstehen lassen, daß sich Paare wieder ineinander verlieben. Plötzlich ist ihre Liebe ernsthafter; weil sie die Krise durchgestanden haben, ist ihre Liebe jetzt wirklicher, reifer und tiefer. Sie haben die Prüfung bestanden, sie haben erfahren und erlebt, was wahre Liebe bedeutet, die dauerhaft und ewig ist.

Weil sie die Krise eines Treuebruchs durchgestanden haben, ist ihre Liebe jetzt wirklicher, reifer und tiefer; sie ist dauerhaft und ewig.

Heilungsgeschichten wie die nachfolgenden tun unserer Seele gut, denn sie erinnern uns an die große Kraft der Liebe. Sie geben uns Hoffnung und helfen uns, das zu schätzen, was wir haben. Wenn ein Mensch den Schritt wagt, sein Herz zu öffnen, führt dies uns alle zu größerer Liebe. Hören wir nun einige wenige der Hunderte von Geschichten, in denen Paare nach einer Untreue zur Vergebung gefunden und ihre gegenseitige Liebe gemehrt haben.

Lisa und Steven

Dies erzählte uns Lisa: »Steven und ich lebten schon lange zusammen – wir kannten uns seit etwa acht Jahren –, aber wir wagten nicht den entscheidenden Schritt in die Ehe. Wir hatten wohl beide Angst, daß es schiefgehen könnte. Alle meine Geschwister sind geschieden. Auch Steven war in sehr jungen Jahren schon einmal verheiratet gewesen. Wir hielten es für sicherer, einfach zusammenzuleben, statt die beängstigende Verpflichtung einer ›ewigen‹ Bindung einzugehen und ein Scheitern zu riskieren.

Als wir John Grays Seminare besuchten und seine Bänder hörten, gab uns dies plötzlich das Gefühl, daß wir es vielleicht doch schaffen könnten, weil wir geeignete Werkzeuge zur Hand hätten, wenn es schwierig werden würde. Wir waren immer noch ängstlich, aber wir redeten darüber und gingen darauf zu. Dann kamen wir schließlich zu einer gemeinsamen Entscheidung und legten einen Hochzeitstermin fest. Was ich nicht wußte, war, daß Steven mehr Angst hatte als ich.

›Wir müssen unbedingt etwas bereden‹, sagte er plötzlich

eines Tages zu mir. Er brach in Tränen aus, und es war mir klar, daß es etwas Schlimmes sein mußte. Meine Gedanken rasten – ich dachte zuerst, jemand wäre gestorben.

›Lisa, ich habe etwas Schreckliches getan‹, sagte er. Und er gestand mir, daß er eine Affäre gehabt hatte.

Er bereute es aufrichtig, übernahm die ganze Verantwortung für das, was er getan hatte. Es war eindeutig, daß er es sehr schlimm fand. Und er sagte zu mir: ›Ich weiß nicht, was ich tun soll.‹

Ich war schockiert. Irgendwie hatte ich die Distanz gespürt, aber ich war mir nie im klaren, was es hätte sein können.

Ich war schockiert. Irgendwie hatte ich die Distanz gespürt, aber ich war mir nie im klaren, was es hätte sein können. In der Rückschau erkannte ich, daß ich etwas geahnt, aber meiner Intuition nicht vertraut hatte.

Wir weinten am Ende beide. Und er dachte wohl wie ich an unsere Hochzeit. Steven sagte, daß er es für notwendig hielt, ehrlich zu sein und mir die Möglichkeit zu geben, sie abzusagen. Ich muß zugeben, dies hatte ich anfänglich auch erwogen. Ich war wütend, traurig und verletzt – aber mir an diesem Punkt trotzdem absolut sicher, daß ich Steven heiraten wollte.

Wir hatten damals bereits zwei von Johns Seminaren besucht und waren zu einer individuellen Beratung bei ihm gewesen. Es steht für mich fest, daß Steven nur deshalb die Kraft fand, mir seine Untreue zu gestehen. Er hatte ein verstärktes Bedürfnis nach Integrität, eine größere Liebe zu sich selbst, den Wunsch, ohne Lüge zu leben. Johns Ehrlichkeit gegenüber sich selbst und seinem Leben, seine hohen Standards und seine Integrität übertrugen sich wohl irgendwie auf Steven. Ich glaube nicht, daß er mir ohne diese Erfahrungen von seiner Affäre erzählt hätte.

Nach den Seminaren hatten wir jedoch beide die Werkzeuge an der Hand, um diese Krise zu bewältigen Es klingt vielleicht verrückt, aber es war gar nicht so schwer. Ich mußte viele Fragen stellen: ›Wohin bist du gegangen? Wann hast du mit ihr geschlafen? Wie oft? Was war sie für ein Mensch?‹ Und wir redeten all die Tage viel miteinander. Es war ein Prozeß, der sich über einen gewissen Zeitraum entwickelte.

Ich schrieb meine Gefühle als ›Liebesbrief‹ nieder, teilte sie Steven mit und bekam von ihm eine Reaktion. Und glauben Sie mir, dies war eine sehr, sehr heilende Erfahrung, weil ich mir durch das Aufschreiben der Empfindungen meiner Liebe hinter all dem Zorn und der Angst sehr deutlich bewußt wurde.

Es half mir auch, daß ich über die generellen Unterschiede zwischen Männern und Frauen Bescheid wußte. Wir hörten auf, einander zu geben, was wir selbst empfangen wollten, weil wir jetzt wußten, wie man gibt, was der andere braucht. Wir verstanden nun, daß es für jeden von uns etwas anderes bedeutete, Liebe zu geben, und ich glaube, dieses Wissen half uns, zu verstehen, wie wir uns zu verhalten hatten. Ohne dieses Wissen hätten wir es wohl kaum geschafft.

Außerdem war mir, um Steven ganz verzeihen zu können, das Wissen hilfreich, daß er sich schon geändert hatte.

Außerdem war mir, um Steven ganz verzeihen zu können, das Wissen hilfreich, daß er sich schon geändert hatte. Die Beziehung mit der anderen war schon seit Monaten beendet, und er verfügte jetzt über neue Informationen, neue Werkzeuge, ja sogar eine neue Einstellung gegenüber dem Leben: Er lebte nun bewußt. Ich konnte ihm also in einer doch recht kurzen Zeit wieder vertrauen und ihm ganz verzeihen. Ich war überrascht, daß es so einfach ging, aber in der Rückschau glaube ich, es hatte etwas mit einem weiteren Geständnis zu tun, das er mir machte.

Er sagte: ›Ich hatte mir wirklich überlegt, dich zu verlassen, Lisa, und mit ihr zu gehen.‹ Aber er hatte es nicht getan. Er hatte sich für mich entschieden und die Beziehung mit ihr beendet. Dies war für mich der Beweis, daß er mich wirklich liebte und gern hatte.

Einige Monate später heirateten wir. Und diese Hochzeit war wirklich perfekt. Das Wetter war herrlich, die Umgebung wunderschön, und wir tanzten auf einem Felsen über dem Meer unter den Sternen. Es war der romantischste Abend, den man sich denken kann.

Wir sind beide von Natur aus Romantiker. Aber jetzt haben wir einen zwei Jahre alten Sohn, einen überaus aktiven Marsianer. Nun ist es etwas schwieriger geworden, ein ganz romantisches Leben zu führen, aber es gibt ›kleine Dinge‹, die vieles ausgleichen. Steve bringt mir oft Blumen, und wenn er heimkehrt, kommt er zuerst zu mir, bevor er nach der Post sieht. Er ruft einfach so zwischendurch an, auch wenn er viel zu tun hat. Diese kleinen Aufmerksamkeiten sagen mir, wie gern er mich hat.

Es ist so schön, Donovan schon in seinen jungen Jahren diese Art der Interaktion lehren zu können.

Ich bin so glücklich über unsere positiven, liebevollen Kommunikationstechniken, nicht nur unseretwegen, sondern auch wegen unseres Sohns Donovan. Bevor wir uns von John helfen ließen, schrien wir uns oft an, Steve zog sich zurück, und ich war in Panik. Heute haben wir positive, liebevolle, offene Kommunikationsfähigkeiten, und es ist so schön, Donovan schon in seinen jungen Jahren diese Art der Interaktion lehren zu können.

Steve und ich sind beide davon überzeugt, daß wir heute ein anderes Leben führen würden, wenn wir John Gray nicht begegnet wären. Wir wären nicht verheiratet und hätten kein Kind. Was John sagte, leuchtete uns ein, und wir konnten es sofort in die Praxis umsetzen. Wir beide sind davon überzeugt, großes Glück gehabt zu haben: Wir waren offen, interessiert und wißbegierig – und genau an diesem Wendepunkt lernten wir John kennen.«

Jeri und Matt

Jeri berichtete, wie ihre Ehe gerettet wurde: »Im Januar 1995 bekam ich einen anonymen Anruf von einer Frau: ›Ihr Mann geht schon eine ganze Weile mit einer anderen und hat ein Kind mit ihr…‹ Ich legte den Hörer hin und sagte es meinem Mann, der in Hörweite saß. Zunächst stritt er alles ab. Später, als ich im Bett lag, brach es schließlich aus mir heraus: ›Wenn ein Kind im Spiel ist, dann kann man das nicht einfach vergessen.‹ Ich hoffte immer noch, das Ganze wäre bloß ein schlechter Scherz.

Schließlich brachte mein Mann doch den Mut auf, mir die Wahrheit zu gestehen. Ich erinnerte mich, daß mir regelrecht übel wurde und ich ins Badezimmer rannte. Dann setzten wir uns ins Wohnzimmer. Ich war erstaunt darüber, wieviel Liebe ich nach einem so schrecklichen Geständnis noch für diesen Mann empfand. Ich hatte immer geglaubt, die Ehe wäre sofort zu Ende, wenn er mich jemals betrügt, aber ich reagierte überhaupt nicht so.

Mein Mann hatte die ganze Zeit mit dem Geheimnis gelebt, daß er zwei Söhne hatte.

Er erzählte mir, die Geschichte habe drei Jahre zuvor begonnen und die körperliche Intimität ein Jahr später geendet, als ihm die Frau sagte, daß sie ein Kind erwarte. Zu allem Unglück wurde

ich kurz nach der anderen schwanger, so daß er damals keine Möglichkeit sah, es mir zu sagen. Mein Mann hatte die ganze Zeit mit dem Geheimnis gelebt, daß er zwei Söhne hatte: Patrick, unser eigenes Kind, und Jason, seinen Sohn mit der anderen Frau. Die Kinder kamen ein halbes Jahr nacheinander zur Welt. Im ersten Lebensjahr Jasons nahm ihn mein Mann kaum zur Kenntnis, aber vor einiger Zeit hatte Matt die Gelegenheit bekommen, wieder in Jasons Leben zu treten. Als ich es entdeckte, begann er gerade, mit ihm vertraut zu werden.
Mein Mann versicherte mir, daß die Affäre mit der anderen vorbei war und daß sie nur wegen Jason Freunde blieben. Ich weiß noch, wie überrascht ich angesichts seiner Erleichterung darüber war, daß ich ihn nicht weggeschickt hatte. Ebenso wunderte ich mich darüber, daß ich dachte: ›Warum glaubt er, ich würde ihn fortjagen?‹

In den darauffolgenden Monaten stellte ich meine Haltung allerdings doch noch in Frage; denn ich hatte nicht in der Weise reagiert, wie ich glaubte, daß es eine Frau in meiner Lage hätte tun müssen. Die Situation hingenommen zu haben kann ich nur damit erklären, daß mein Sohn jetzt einen Halbbruder hatte. Jason war an diesem ganzen Alptraum unschuldig, und man konnte ihn ja nicht bestrafen. Ich träumte davon, daß ich meinem Mann verzeihen könnte; wir würden Jason in unsere Familie aufnehmen und dann glücklich miteinander weiterleben. Es war nicht leicht, diesen Traum zu verwirklichen, aber es lag nicht an Jason.

Unsere Kommunikation war an einem Tiefpunkt angelangt.

Matt und ich gingen zu diesem Zeitpunkt auf unser neuntes Ehejahr zu. Wir hatten einige Probleme gehabt, Auseinandersetzungen über Arbeit und Einkommen, über die Frage, ob wir ein Haus kaufen sollten, über das Gefühl, daß die Erregung aus unserer Beziehung verschwunden war – und unsere Kommunikation war an einem Tiefpunkt angelangt. Wir gingen schon längere Zeit zur Eheberatung und hatten ein halbes Jahr vor der Enthüllung den Berater gewechselt. Ich fragte mich, ob dieser Mann, den ich so sehr liebte, meiner überdrüssig geworden war und mich nicht mehr anziehend fand. Ich hatte ja keine Ahnung, daß sein Geheimnis, das so schwer auf ihm lastete, wenig mit mir zu tun hatte!

Ein Schock ist immer mit einer Verleugnung verbunden. Man verleugnet nur, weil die Wahrheit so schockierend ist, daß man sie nicht akzeptieren kann. Bei mir hielt die Verleugnung der Vorstellung fern, mein Mann wäre mit einer anderen intim und käme dann zu mir nach Hause. Ich erinnere mich, daß ich dachte, dies sei ein Irrtum der Vergangenheit, auch wenn das schreckliche Bild von ihm mit ihr immer wieder in meinen Gedanken auftauchte.

Ich glaube, Matt hatte mit seiner Verleugnung größere Schwierigkeiten als ich mit meiner. Er war zutiefst beschämt und überzeugt, daß es nicht ausreichte, bloß über das Vorgefallene zu reden. Er fürchtete, alles ruiniert zu haben, was uns gemeinsam war, und der Schaden wäre so groß, daß er nur in Jahren repariert werden könnte – wenn überhaupt. Würde das Fundament unserer Liebe fest genug sein, um weitermachen zu können?

Oft schienen uns beiden die Differenzen überwältigend zu sein, und vorübergehend glaubten wir sogar, uns trennen zu müssen. Wir entschieden uns gemeinsam zum Bleiben, obwohl der Schmerz und Kummer so groß waren, daß uns die Trennung eine Erleichterung zu sein schien. Ich konnte nicht sachlich mit Matt kommunizieren, und er zog sich immer weiter in sich zurück. Trotzdem wußten wir auch während dieser Krise, daß wir einander doch liebten, und wir konnten uns das auch sagen. Wenn ich auf diese Zeit zurückblicke, wird mir klar, daß wir sehr ›mars- und venushaft‹ kommunizierten und versuchten, in unserer Arbeit, miteinander und mit unserem Sohn ›normal‹ zu bleiben.

Würde das Fundament unserer Liebe fest genug sein, um weitermachen zu können?

Wir versuchten auf verschiedenen Wegen, diese Krise zu überstehen. Ich besuchte Jason und stellte fest, daß er eine Schwester hatte, Jennifer, die von ihrem Vater verlassen worden war. Ich empfand ein starkes Bedürfnis, diese Kinder zu schützen, den Wunsch, sie vor Verletzungen zu bewahren und ihnen das Gefühl zu geben, daß ihre Eltern sie bedingungslos liebten Aber ich selbst hatte zu kämpfen – und Matt natürlich auch.

Wenn ein Kind einem Seitensprung entstammt, dann ist immer noch ›die andere‹ da. Eine solche Untreue kann man nicht so leicht vergessen, weil man sich auch mit der Frau auseinandersetzen muß, wenn man das Kind sehen will. Deshalb war der Heilungsprozeß besonders schwierig. Ich frage mich oft, wie es wohl anderen Frauen in einer solchen Situation erging; ich habe mit einigen gesprochen, die ebenfalls Untreue in ihrer Ehe erlebt hatten, aber bei keiner von ihnen ging es dabei auch um ein Kind.

Ich glaubte wirklich verrückt zu werden, wenn ich nicht aus dieser Situation herauskäme; und unser Therapeut empfahl uns eine ›Ablösung‹, eine festgelegte Zeit der vorübergehenden Trennung mit dem Versprechen, während dieser Frist keine Entscheidung zum Bestand der Beziehung zu fällen.

Nach dieser ›Ablösung‹ unternahmen wir unseren ersten gemeinsamen Familienurlaub, und sonderbarerweise verfiel ich wieder in meine Depression. Ich war zum erstenmal seit langem mit Matt und Patrick allein, und es gab nichts, was mich hätte ablenken können. Meine ganze Unsicherheit brach wieder hervor.

Wir faßten den halbherzigen Entschluß, noch einmal zum Therapeuten zu gehen, aber eine Woche vor unserem Termin überraschte mich Matt mit Karten für ein Seminar von John Gray.

Was für ein Seminar! Ich konnte es kaum glauben, wie unterschiedlich Männer und Frauen denken, und man spürte im ganzen Raum die Zustimmung zu diesem Gedanken. Allmählich dämmerte mir, daß es nicht darauf ankam, wieviel Matt und ich über das Problem kommunizierten. Entscheidend war, daß wir verstanden, was gesagt wurde.

Welch eine Erleichteurng für uns beide – und offenbar auch für andere Seminarteilnehmer. Vieles von dem, was Dr. Gray an diesem Tag sagte, brachte uns Erleichterung, weil er sich vor allem damit befaßte, wie wir unsere Partner besser verstehen und uns dadurch sicher fühlen konnten, weil wir nicht mehr mit einem ›Fremden‹ zusammenlebten.

Er zeigte uns anhand witziger Beispiele, wie man um etwas bittet, und machte uns deutlich, daß ›Kommunikationsprobleme‹ mit dem Partner nichts Außergewöhnliches sind. Die Angst davor, um etwas zu bitten, vor allem, wenn es um Sex geht, hatte uns seit Jahren begleitet. Dr. Gray drückte sehr plastisch aus, was Männer und Frauen wollen und was nicht, und es half uns ungemein, daß er dies mit soviel Humor darstellte. Er versicherte uns, daß beide Partner in einer Ehe Fehler machen können und machen, aber daß man Beziehungen verbessern kann.

Matt und ich kamen mit einer neuen Wahrnehmung voneinander aus dem Seminar heraus. Wir wußten damals schon, daß wir einander wirklich liebten, unsere Leidenschaft aber durch alte Ängste gehemmt war. An diesem Tag sagte ich ihm, ich könne die Affäre ad acta legen und es solle weiterhin nur uns beide geben. Und Matt überraschte mich mit einem besonderen Abend, an dem wir nur für uns da waren und der einfach wunderbar war. Dr. Gray hat recht: Die Planung solcher Abende erfüllt einen mit großer Vorfreude.

Ich schließe diesen Bericht nicht mit einem ›Und sie lebten glücklich miteinander bis ans Ende ihrer Tage‹, weil es sicher noch Hürden auf unserem Weg gibt. Aber ich kann sagen, daß jetzt die gemeinsame Zeit mit Matt für mich Priorität hat, und ich empfinde dies nicht als selbstsüchtig. Wir wissen beide, daß dies ebenso wichtig ist wie die Erziehung unserer Kinder.

Ich danke Dr. Gray für seine klare Darstellung einfacher Zusammenhänge, über die man normalerweise nicht spricht – auch nicht unter Männern und unter Frauen.«

Julie und Larry

Julie berichtete von ihrer Geschichte mit Larry: »Ich heiße Julie Anne; mein Mann heißt Larry. Ich bin fünfundzwanzig, Larry sechsundzwanzig. Wir sind seit fünf Jahren verheiratet und kennen uns sieben Jahre. Wir haben einen fünfjährigen Sohn.

Ich war knapp neunzehn, als wir uns begegneten, und ich verliebte mich sehr schnell in ihn. Zu diesem Zeitpunkt ging ich schon fünf Jahre mit einem anderen Jungen. Larry hatte langes Haar, eine laute Stereoanlage, und meine Eltern konnten ihn nicht ausstehen. Weil sie ihn nicht akzeptieren wollten, brannten wir schon vier Monaten später nach New Mexico durch, wo meine leibliche Mutter lebte. Ich bin als Kind adoptiert worden.

Dies war alles ein wenig verrückt, und wir kehrten schließlich in unsere Heimatstadt Topeka zurück, wo ich feststellte, daß ich schwanger war. Danach wohnte ich bei meinen Eltern, Larry bei den seinen. Dies war keine schöne Zeit.

Bald nach der Geburt von Josh heirateten Larry und ich, und wir waren beide sehr glücklich. Unser einziges Problem war das Geld und daß Larry als Autoverkäufer soviel arbeiten mußte. Er sagte, wir müßten nach Kansas City ziehen, weil es dort bessere Chancen für ihn gäbe. Er ging, und ich folgte ihm, aber ich war wütend auf ihn, weil er mich aus meiner Heimatstadt gerissen hatte. Damals begannen unsere Probleme.

Nach und nach redeten wir immer weniger miteinander, hatten weniger Sex und lebten uns auseinander. Es ging mit allem bergab.

Nach und nach redeten wir immer weniger miteinander, hatten weniger Sex und lebten uns auseinander. Wir konnten das Apartment nicht ausstehen, in dem wir wohnten, und zu allem Überfluß beschlossen wir auch noch, ein Haus zu kaufen. Es ging mit allem bergab.

Wir arbeiteten sehr viel an dem Haus und richteten es schön ein, aber darin lebten jetzt ein Vierjähriger, der wegen der gefährlichen Straße nicht draußen spielen konnte, und eine Frau, die sich einsam fühlte, weil ihr Mann jeden Abend bis zehn Uhr arbeitete. Es war schrecklich. Wir lebten als Fremde zusammen, wir waren nur noch ›Zimmergenossen‹, wie ich oft sagte.

Dann passierte es. Ein Bekannter machte mir Komplimente, wie hübsch ich doch sei – all die Dinge, die ich von meinem ›Zimmergenossen‹ so gerne gehört hätte. Ich schmolz dahin. Er sagte mir, ich sei doch keine Vierzigjährige in einem vierundzwanzigjährigen Körper.

Es war so schön, sich jung und attraktiv zu fühlen. Wenn ich mit diesem Mann sprach, vergaß ich meine ganzen Probleme daheim, an denen ich hätte arbeiten sollen.

Ich wollte die Scheidung. Ich war eifersüchtig auf meine geschiedenen Freundinnen. Ihr Leben schien mir interessant zu sein, und ich fühlte mich ohnehin schon als Alleinstehende.

Ich hatte einfach einen Fremden in meinem Bett, der meine Decke nahm. Das war's. Es mußte aber auch noch etwas anderes geben (all die Countrysongs paßten genau auf mich!).

Inzwischen war auch mein Mann in seiner Arbeit einer Frau begegnet. Er fühlte sich genauso unwohl wie ich. Diese Frau tat mit ihm dasselbe, was der Bekannte mit mir tat: Sie gab ihm wieder das Gefühl, attraktiv zu sein. Er genoß es ebenfalls sehr, begehrt zu werden.

Als all dies herauskam, saßen wir in Topeka im Auto. Wir waren sehr aufrichtig, hielten Händchen, weinten und kicherten sogar ein wenig, so wie früher. Es war uns klar, daß wir ganz von vorn beginnen mußten.

Wir fanden wieder als Team zusammen, und ich begann, Ihre

Bücher zu lesen. Ich las Larry vor, sooft es ging, und er war sehr geduldig mit mir, wenn ich mit dem Buch in der Hand im Haus hinter ihm herlief!

Ich lernte soviel durch diese Bücher! Ich machte mich wieder für Larry hübsch. Und wenn wir einen Babysitter bekommen konnten, was uns öfter gelang, suchten wir uns mit dem Auto Plätzchen, an denen wir dann zärtlich miteinander waren. Das macht Spaß – der Nervenkitzel kann sehr aufregend sein. Wir duschten öfter gemeinsam, und ich beschwerte mich nicht darüber, wer das kalte und wer immer das warme Wasser abbekommt!

Wir waren sehr aufrichtig, hielten Händchen, weinten und kicherten sogar ein wenig, so wie früher. Es war uns klar, daß wir ganz von vorn beginnen mußten.

Larry arbeitet auch jetzt immer noch ziemlich lange, aber ich versuche, mich im Haus und mit meinem Fünfjährigen zu beschäftigen. Wenn mein Mann heimkommt, blicke ich nicht mehr vorwurfsvoll zur Uhr, sondern versuche zu lächeln. Wir küssen uns – als erstes – und reden dann miteinander. Jeden Abend. Wir bleiben auch öfter zu Hause, statt immer getrennt mit Freunden auszugehen. Wir glauben jetzt, wirklich zusammenzugehören, und wenn wir ausgehen, sind wir wirklich beieinander. Dies ist ein sehr schönes Gefühl.

In den sieben Jahren, die wir uns nun kennen, haben wir doch einiges erlebt. Es war nicht einfach, aber bei all diesen Schwierigkeiten haben wir etwas gelernt, und jeder Tag war ein neuer Tag, auf den wir uns freuen konnten. Ich bin so dankbar für alles, was wir gelernt haben, und daß unsere gemeinsame Liebe so sehr gewachsen ist.«

Jan und David

Jan erzählte: »David und ich kennen uns, seit ich neun und er elf war. Als ich fünfzehn und er siebzehn war, gingen wir miteinander. Weder er noch ich waren davor mit jemand anderem ausgegangen.

Was mich zu David hinzog, war sein Humor, seine Freundlichkeit, Herzlichkeit und Zuverlässigkeit. Er war großzügig und rücksichtsvoll, aufmerksam und liebevoll. Er verstand sich gut mit meinen Eltern und der ganzen Familie. Man fühlte sich wohl in seiner Nähe, und ich glaubte, für ihn etwas Besonderes zu sein und geliebt zu werden. Wir hatten denselben musikalischen Geschmack und waren bei jeder sich bietenden Gelegenheit zusammen. Fünf Jahre gingen wir fest miteinander und heirateten dann 1969.

Aber in den ganzen dreißig Jahren, die wir uns kennen, waren wir noch nie so glücklich wie heute. Wir haben jetzt einen Grad der Erfüllung erreicht, wie wir dies in unserem ganzen Leben niemals für möglich gehalten hätten. Das beste an unserer Beziehung ist, daß wir bei allem, was wir hinter uns haben, einander immer noch völlig zugetan sind und die Liebe lebendig geblieben ist.

Wichtig ist auch die Tatsache, daß wir stark genug waren und den Willen aufgebracht haben, unsere Probleme zu lösen, selbst wenn die Chancen schlecht standen. Unsere gegenseitige emotionelle Bindung ist für mich das Wichtigste an unserer über dreißigjährigen Beziehung.

Wir haben jetzt einen Grad der Erfüllung erreicht, wie wir dies in unserem ganzen Leben niemals für möglich gehalten hätten.

Das langwierigste Problem in unserer Beziehung war die Kommunikation. Wir hatten beide Schwierigkeiten, auszudrücken, was wir voneinander brauchten und erwarteten. So etwas kann zu einer recht hartnäckigen Abneigung führen. Aber wir haben gelernt, wie wichtig es ist, um das zu bitten, was man möchte, und es dem Partner zu sagen, wenn man sich über etwas ärgert.

So wäre es David immer lieber gewesen, wenn ich langes Haar getragen hätte, aber er machte nie ein Thema daraus. Ich hätte ihn lieber ohne Bart gehabt, aber ich glaubte, dies nicht verlangen zu können. Als wir beide bekamen, was wir wollten, waren wir viel glücklicher. Kleine Dinge können sehr viel ausmachen.

Der Abschnitt über Kommunikation in Dr. Grays Buch ›Männer sind anders. Frauen auch‹ hat uns bei unserer alltäglichen Beziehung geholfen. Er erklärt die unterschiedlichen ›Sprachen‹ von Männern und Frauen und wie wir Verhaltensweisen verschieden interpretieren. Dies half mir sehr viel, mit Davids Kriegstrauma zurechtzukommen, das er von seinem Einsatz in Vietnam davongetragen hatte.

David war 1969 und 1970 an der Front. Als er aus Vietnam zurückkehrte, war er nicht mehr der Mann, den ich gekannt und geheiratet hatte. Er hatte sich in so vielerlei Hinsicht verändert, daß ich hier nur die schwersten Symptome aufzählen kann:

- ▷ Fehlen sämtlicher Emotionen mit Ausnahme von Zorn, Argwohn und gelegentlichen Depressionen (wir erfuhren schließlich, daß dies an der Wiederkehr des Todestages von Kameraden auftrat); äußerst kritisch und jähzornig, kein Humor mehr.
- ▷ Ertaubung und Ohrgeräusche, beides im Laufe der Jahre schlimmer werdend.
- ▷ Er vertrug keine Hubschraubergeräusche, Feuerwerk, Festumzüge, Partys sowie andere Zusammenkünfte und Kriegsfilme mehr.
- ▷ Äußerte sich im Gespräch zu Vietnam, aber sträubte sich ge-

gen eine ernsthafte Erörterung des Themas und wollte nicht zugeben, daß ihn seine Kriegserfahrungen verändert hätten.

- ▷ Konnte in Räumen nur mit dem Rücken zur Wand und mit Blick auf die Tür sitzen.
- ▷ Litt an Schlaflosigkeit und anderen Schlafstörungen, insbesondere am Jahrestag des Todes von Kameraden. Schlief vierzehn Jahre lang hin und wieder auf dem Fußboden des Wohnzimmers.
- ▷ Wurde zum Workaholic und wechselte dauernd seine Hobbys, von denen er zuerst maßlos begeistert war, sie aber bald wieder ablegte.
- ▷ Litt unter Gefühlskälte.
- ▷ Wurde überwachsam, lauschte und beobachtete ständig; entwickelte eine überschießende Schreckreaktion.
- ▷ Konnte nicht mit dem Tod umgehen – war unfähig zu einer Reaktion hierauf.
- ▷ Übte zwanghaft Kontrolle aus; mußte immer führen und zeigte eine Überreaktion, wenn jemand etwas ›Falsches‹ tat.
- ▷ Hatte Schwierigkeiten, um etwas zu bitten; hatte das Gefühl, es nicht verdient zu haben.

Man kann sich vorstellen, daß diese vielen Veränderungen unsere Ehe belasteten. Drei Dinge halfen uns, darüber hinwegzukommen: ein einfühlsamer Therapeut, eine Selbsthilfegruppe von Vietnamveteranen und die Entdeckung von John Grays Büchern und Tonkassetten. Aber unsere Ehe wäre wohl nicht gerettet und erneuert worden, wenn wir nicht eine wirklich verheerende Situation durchgemacht hätten, die beinahe den Bruch bedeutet hätte.

Es fällt mir auch heute noch schwer, über diese Erfahrung nachzudenken oder gar zu schreiben. Vor etwa zweieinhalb Jahren gestand mir David, daß er seit drei Jahren eine Freundin hatte. Er hatte die Beziehung beendet, weil er zu der Einsicht gekommen war, daß er nur mich wirklich liebte und wollte, daß wir wieder miteinander glücklich werden. Er schlug vor, zum Eheberater zu gehen, und er konnte endlich zugeben, daß er Probleme hatte, über Vietnam zu sprechen.

Ich hatte schon einige Zeit den Verdacht, daß es eine andere gab, aber diese Ahnung völlig unterdrückt, weil ich es nicht wahrhaben wollte, obwohl ich Alpträume hatte und durch den emotionalen Streß und die Ängste physisch krank wurde. Als sich schließlich meine schlimmsten Befürchtungen bewahrheiteten, trauerte ich um das Scheitern unserer Ehe und mußte mich entscheiden, ob ich gehen oder bleiben sollte. Ich hatte mich für mein ganzes Leben an einen einzigen Mann gebunden und mußte jetzt erkennen, daß er mir nicht mehr allein gehörte.

Als wir zur Eheberatung gingen und David sich der Selbsthilfegruppe für Vietnamveteranen anschloß, hielten wir einen Neuanfang, eine ›neue Ehe‹, für notwendig, um füreinander der Partner werden zu können, den der jeweils andere sich wünschte. David rasierte seinen Bart ab und sah jetzt wieder wie der Mann aus, den ich geheiratet hatte. Ich ließ mein Haar wachsen, wie er es gerne hatte. Ich kaufte für David ein neues Hochzeitsband mit der Inschrift ›In ewiger Liebe, Jan‹. Auch Dr. Grays Bücher halfen uns durch diese Zeit hindurch. Wir hatten das Gefühl, daß er nur für uns geschrieben hatte und unsere Gedanken kannte. Voriges Jahr feierten wir mit Verwandten und Freunden unsere Silberhochzeit.

Ich kaufte für David ein neues Hochzeitsband mit der Inschrift ›In ewiger Liebe, Jan‹.

Ich weiß heute, daß wir unsere Probleme überwinden konnten, weil wir beide wirklich miteinander glücklich sein wollten und all die Schmerzen, Seelensuche und harte Arbeit durchhielten. Die Mühe hat sich gelohnt, und wie ich schon am Anfang schrieb, sind wir jetzt noch glücklicher als bei unserer Heirat.

Ich meine, daß Dr. Grays Bücher uns geholfen haben, einander als wirkliche Seelengefährten zu erkennen und zu erfahren; sie haben uns die Augen geöffnet für die Liebe, die immer schon da war, aber eine sehr lange Zeit verschüttet war. Manchmal kann sich eine niederschmetternde Situation letztlich als Segen erweisen. Wir danken Ihnen, Dr. John Gray, aus dem tiefsten Grund unserer Seele.«

Robert und Crystal

Robert berichtete von seiner eigenen Untreue: »Crystal und ich sind seit zwölf Jahren verheiratet. Wir haben drei großartige Kinder und eine sehr schöne Wohnung. Die ersten sechs Jahre hatten wir eine gute Kommunikation und kamen wunderbar miteinander aus. Wir sind beide erfolgreiche Therapeuten. Alles in unserer Ehe war perfekt, bis auf eines: Ich begann Seitensprünge zu machen.

Ich war von Anfang an nicht sicher, ob ich monogam sein könnte, aber ich versuchte es. Crystal ist eine sehr gut aussehende Frau, doch nach einiger Zeit ließ die Anziehungskraft trotzdem nach. Wenn wir zusammen waren, dachte ich an andere Frauen, aber es blieb wenigstens bei den Gedanken. Wir bekamen Streit, wenn ich am Strand anderen Frauen nachsah. Sie wußte, daß etwas nicht in Ordnung war, aber sie wußte nicht, was sie hätte tun können. Allmählich änderte sich alles.

Schließlich tat ich auch, wozu mich meine Gefühle drängten. Über einen Zeitraum von drei Jahren hatte ich mehrere Affären. Ich glaubte, daß ich mich wieder für Crystal entzünden könnte, wenn ich mir einfach meine Phantasien erfüllte. Eine Weile funktionierte dies, aber nach einiger Zeit verschlechterte sich unsere Beziehung zusehends.

Ich bekam Depressionen. Ich half anderen Menschen in ihrem Leben, aber in meinem eigenen ging es bergab. Crystal veränderte sich. Sie freute sich nicht mehr, mich zu sehen; nichts, was ich tat, schien sie mehr glücklich machen zu können. Äußerlich war alles schöner Schein, aber innerlich waren wir gefühllos geworden.

Nachdem ich Ihr Buch gelesen hatte, wurde mir klar, daß ich es ihr sagen mußte. Es war etwas, worüber ich anscheinend keine Kontrolle hatte, und es tat ihr nur weh, wenn ich es verschwieg. Ich sagte es ihr in einem Brief. Sie war zutiefst verletzt und wütend. Ich fühlte mich hundeelend. Aber wenigstens war es jetzt heraus.

Wir gingen zur Eheberatung. Sie wollte alles ganz genau wissen, wann und wo. Viele Gefühle wurden geäußert. Ich hörte sehr viel zu. Es war eine äußerst schwierige Zeit, aber nach und nach konnte sie mir doch verzeihen und mich wieder lieben. Ihre Gefühlskälte ließ nach. Hinter ihren Empfindungen von Zorn und Verletztheit verbarg sich eine schöne, liebevolle und zärtliche Frau, die meine Liebe brauchte – und ich hatte sie betrogen.

Das Bedauern darüber, daß ich sie verletzt hatte, führte dazu, daß meine Gefühle für sie wieder stärker wurden.

Eigenartigerweise hatte ich mich noch nie zuvor so geliebt gefühlt. Das Bedauern darüber, daß ich sie verletzt hatte, führte dazu, daß meine Gefühle für sie wieder stärker wurden. Ich spürte jetzt auch die Attraktion, die ich auf sie ausübte. Aber damit eine vollständige Heilung eintreten konnte und sie ihre Verletztheit und ihre Angst loslassen konnte, waren meine Entschuldigungen, meine Liebe und meine Attraktion nicht ausreichend; sie brauchte die Gewißheit, daß ich sie nie mehr belügen und nie mehr eine Affäre haben würde.

Ich wußte nicht, was ich sagen sollte. Wie konnte ich sie beruhigen? Was, wenn ich mich wieder einmal nicht mehr zu ihr hingezogen fühlte – was würde ich tun? Andere Frauen hatten immer noch einen Reiz für mich. Ich konnte ihr versprechen, nie wieder zu lügen, aber ich konnte ihr nicht versichern, ich würde mich nicht mehr zu anderen Frauen hingezogen fühlen.

Ich sagte ihr, daß ich sie liebte, mich aber auch noch zu anderen Frauen hingezogen fühlte. Es tat ihr sehr weh. Immer wenn schöne Frauen in der Nähe waren, verschloß sie sich. Sie wußte, daß ich mich angezogen fühlte, und es war so.

Dann sahen wir uns Ihr Seminarvideo an. Als Sie über geistige Monogamie sprachen, war unsere Beziehung gerettet. Sie sagten, daß ein Mann seine Frau lieben, sich zu ihr hingezogen fühlen und gleichzeitig die Anziehungskraft anderer Frauen spüren kann, was uns beide zutiefst erleichterte. Sie sagten, es sei normal, wenn Männer von anderen Frauen angezogen werden; das Geheimnis der Monogamie liegte aber darin, daß man diese Energie einfach auf seinen Partner zurückleitet.

Dies war die einfachste Übung in Selbstdisziplin, die ich je durchgeführt hatte. Sooft ich mich zu einer Frau hingezogen fühlte, stellte ich mir einfach vor, daß ich mich mit Crystal liebte. Es war ganz einfach – und es funktioniert. Ich fühle mich jetzt mehr denn je zu Crystal hingezogen. Monogamie ist kein goldener Käfig, sondern genau das, was ich will.

Es sind jetzt drei Jahre vergangen, und ich tue es immer noch. Wenn mich eine andere Frau ›anmacht‹, beginne ich automatisch über meine eigene Frau zu phantasieren. Ich finde es herrlich. Ich bin ein visueller Typ, und jetzt ist meine Frau die Geliebte meiner heißesten Phantasien. Ich fühle mich als der glücklichste Mann der Welt.«

Nancy und Bill

Nancy erzählte uns folgende Geschichte: »Bill und ich verstanden uns von Anfang an sehr gut – das heißt, wir beide ließen einiges durch die Kehle rinnen. Wir hatten bald eine gemeinsame Wohnung. Ich glaube, daß Gott zwei Säufer zusammengeführt hat, um sie nüchtern zu machen.

Wenig später wurde Bill von der Polizei wegen Störung der öffentlichen Ordnung unter Alkoholeinfluß aufgegriffen, und ich saß die ganze Nacht da, dachte nach und fragte mich: ›Bleibe ich in dieser Beziehung, oder breche ich sie ab? Was ist das Richtige?‹ Am Morgen ging ich in die Ausnüchterungszelle, um ihn abzuholen. Er sah schrecklich aus.

›Was soll ich jetzt tun?‹ fragte ich ihn.

Bill zögerte keine Sekunde: ›Bring mich zu den Anonymen Alkoholikern‹, sagte er.

Das tat ich denn auch. Es war unsere erste Teilnahme an einem AA-Treffen. In unser beider Leben hatte es bis dahin so etwas wie Gott oder irgendein höheres Wesen nicht gegeben. Aber sobald wir den Raum betraten, wußte ich, daß Bill und ich hierhergehörten. Mein ganzes Leben lang hatte ich nach einem verständnisvollen Gott und einem Ort gesucht, an den ich gehörte. Bei den Anonymen Alkoholikern fand ich genau dies.

Ich glaube, daß Gott zwei Säufer zusammengeführt hat, um sie nüchtern zu machen.

Ein halbes Jahr später heirateten Bill und ich. Wir verbrachten unsere Flitterwochen in Frankreich, wo die Menschen von morgens bis abends tranken. Wir tranken Cappuccino. Als wir wieder zu Hause waren, begannen wir zu arbeiten und kauften uns schließlich eine Wohnung.

Ab dann änderte sich alles. Unsere Ehe drohte auseinanderzubrechen, und wir entfremdeten uns. Ich hatte das Gefühl, als ob wir bloß noch Zimmergenossen wären – kein Sex, keine Zärtlichkeit, wir sahen einander überhaupt nicht mehr.

Aber an meinem Arbeitsplatz gab es einen Mann, der mir sehr verständnisvoll zu sein schien. Ich wandte mich an ihn und erzählte ihm von den Problemen in meiner Ehe – und er sagte mir, ich sei schön; er verdrehte mir den Kopf mit all den Komplimenten, die ich gern von Bill gehört hätte. Eines Tages kam dieser Kollege in meine Wohnung. Er folgte mir ins Schlafzimmer, wo ich mich auszog. ›Es ist Gottes Wille‹, sagte er.

Dann ging die Tür auf, und mein Mann kam herein.

Als Bill uns miteinander sah, sagte er etwas ganz Erstaunliches: ›Nancy, wenn du mit diesem Mann abstürzt und in Flammen aufgehst, dann bin ich da, um die Stücke aufzulesen.‹

›Wenn du mit diesem Mann abstürzt und in Flammen aufgehst, dann bin ich da, um die Stücke aufzulesen.‹

Wir wußten nicht, was wir tun sollten. Bill und ich redeten die ganze Nacht miteinander. War unsere Ehe ruiniert? Sollten wir uns scheiden lassen? Wollten wir eine Ehe, in der nichts mehr lief, weil wir uns kaum noch sahen und niemals mehr miteinander schliefen? Wir waren einfach ratlos. Ich bat Bill, mit mir zur Eheberatung zu gehen. Zwei Tage später fiel mir ›Männer sind anders. Frauen auch‹ in die Hände.

Wir wollten eigentlich Urlaub machen, aber nachdem ich das Buch gelesen hatte, sagte ich: ›Machen wir etwas anderes – wir müssen mit Dr. John Gray sprechen. Ich habe das Gefühl, daß er uns helfen kann.‹

›Was immer du willst, Nancy‹, sagte Bill. ›Ich möchte nicht, daß unsere Ehe so endet.‹

Wir gingen zu einem John-Gray-Seminar, und ich sperrte Mund und Augen auf. Dr. Gray sprach darüber, was ich brauchte – ich, Nancy –, um mich geliebt zu fühlen: ›Hör mir einfach zu, Bill. Versuch nicht, meine Probleme zu lösen. Sei einfach für mich da. Hör mir nur zu, wie mein Tag war.‹ Vor dem Seminar sagte Bill immer: ›Nancy, was kann ich für dich tun?‹ Jetzt hört er mir einfach zu.

Ich wiederum lernte, ihm meine Dankbarkeit für all seine kleinen Aufmerksamkeiten zu bezeigen. Ich erfuhr von den fünf

Dingen, die Frauen und Männer brauchen, um sich geliebt zu fühlen. Ich lernte, wie ungeheuer wichtig ›Kleinigkeiten‹ sind – die zusätzliche Umarmung, der zusätzliche Kuß – und wie man seine Dankbarkeit dafür zeigt.

Alles, was ich hörte, versetzte mich in ungläubiges Erstaunen: Es war genau das, was wir beide brauchten, um unsere Ehe zu retten. Ich war dabei, alles wegzuwerfen, wonach ich fast dreißig Jahre gesucht hatte, und hier im Seminar bekam ich es wieder. Wir beide bekamen es wieder.

An diesem Wochenende verliebten wir uns von neuem ineinander. Nach dem Seminar gingen wir miteinander ins Bett, und dies war gewiß die rauschendste Liebesnacht, die wir jemals miteinander hatten.

Ich war dabei, alles wegzuwerfen, wonach ich fast dreißig Jahre gesucht hatte, und hier im Seminar bekam ich es wieder.

Durch das Seminar änderte sich für uns alles. Das beste ist, daß ich im Augenblick dabei bin, eine neue Arbeit anzufangen, die mich wirklich begeistert. Davor hatte ich das Gefühl, so, wie ich war, überhaupt nichts wert zu sein. Aber die Verbindung von den Anonymen Alkoholikern und den Lehren von John Gray half mir, zu lieben, wie ich jetzt liebe – ein Traum ist wahr geworden.

An Weihnachten beschloß ich, für uns beide etwas wirklich Romantisches zu tun. Mein Mann ist der Koch in der Familie, aber ich nahm mir vor, ein richtiges Weihnachtsdinner herzurichten. Ich machte die verschiedensten Beilagen und buk einen Schinken – ich mußte viel telefonieren, um es hinzubekommen, weil ich noch nie ein solches Essen zubereitet hatte und Bill nicht fragen wollte. Dann legten wir eine Platte von Neil Diamond auf, zündeten Kerzen an, setzten uns zum Essen und redeten darüber, wie gut wir es hatten.

An diesem Weihnachtsfest blickten wir einander immer nur über die Kerzen an und fühlten Dankbarkeit für alles, was geschehen war.

Die Beziehung meiner Eltern war sehr schlecht, aber meine Großeltern waren über sechzig Jahre miteinander verheiratet gewesen. Ich hatte mir immer geschworen, daß ich wie meine Oma sein wollte. Zu Weihnachten schenkte sie mir immer einen Porzellanclown; es war eine Art Familientradition. In diesem Dezember starb sie, aber ich bekam von Bill ein Geschenk, und als ich es öffnete, sah ich, daß es ein Porzellanclown war. Die Tradition lebt also weiter, und der Geist meiner Großmutter ist in meiner Familie. Und wie meine Großeltern werden Bill und ich beisammenbleiben, bis wir sterben.«

Nachwort

Beziehungen stehen heute wie nie zuvor in der Geschichte unter Druck. Die hohe Scheidungsrate ist aber kein Hinweis darauf, daß sich die Menschen nicht mehr liebten, sondern bedeutet vielmehr, daß die Ansprüche an eine Beziehung gestiegen sind. Früher taten sich Männer und Frauen zusammen, um Sicherheit zu haben. Sie brauchten einander hauptsächlich, um zu überleben. Heute genügt dies nicht mehr; wir erwarten voneinander vor allem Liebe, Glück und Erfüllung.

Paare können heute im Laufe eines Lebens in Liebe zusammenwachsen, aber sie brauchen hierfür Unterweisung und Praxis. Dies ist ein Lernprozeß, und der Anfang kann schwierig sein. Auch mit den besten Absichten wird es immer Zeiten geben, in denen man in die Irre geht und den Kontakt zu der Liebe in seinem Herzen verliert. Selbst wenn die Liebe erlischt, kann man sie mit Geduld und der richtigen Anleitung wieder entzünden. So wie sich zwei gute Freunde nach einer langen Suche wiederfinden können, so können Männer und Frauen sich wie durch ein Wunder immer wieder neu verlieben.

Ich hoffe, daß die Geschichten in diesem Buch eine Inspirationsquelle für Sie sind, zu der Sie immer wieder zurückkehren können. Wenn Sie in Ihrer Beziehung emotionelle Wunden erfahren haben, können diese aus dem Leben genommenen Geschichten in Ihnen weiter die Überzeugung stärken, daß Sie in der Lage sind, Verletzungen aus der Vergangenheit heilen zu lassen und einen Neuanfang zu machen, sofern Sie lieben und geliebt werden wollen. Ist Ihre Beziehung schon kräftig und gesund, können Sie diese Fallbeispiele daran erinnern, worauf eine gute Ehe basiert. Sprechen Sie mit Ihren Freunden und Verwandten über die Berichte in diesem Buch, und machen Sie sich bewußt, was der Wendepunkt einer jeden Geschichte ist, an dem die Liebe plötzlich wieder zu erstarken und zu blühen begann.

Sie sind auf diesen Seiten vielen wirklichen Menschen begegnet, die den Willen hatten, der Liebe in ihrem Leben den höchsten Vorzug zu geben, das Nötige zu tun, um sie zu erhalten, zu schützen, zu pflegen und ihren Zauber lebendig zu erhalten. Diese wahren Beispiele demonstrieren die Macht der Liebe und der Einsicht, daß man Brücken in seinen Beziehungen bauen kann, wie schwierig dies auch erscheinen mag. Ich bewundere die Entschlossenheit dieser Menschen: ihre Entscheidung, die Liebe zu erhalten, den Willen, für neue Ideen und Informationen offen zu bleiben, die Entschlossenheit, ihren Partnern und der Welt gegenüber zu bekräftigen, daß Liebe alle Mühe lohnt. Ich danke Ihnen, daß Sie sich Zeit dafür genommen haben, die Liebe in Ihrem Leben zum Blühen zu bringen, und ich danke Ihnen, daß Sie mich bei diesem Prozeß mitwirken ließen.